목 차 CONTENTS

1순환·4주 진도별 문제

1주차 헌법과 헌법학 ~ 대한민국헌법 총설   4
         대한민국헌법 총설 ~ 기본권 총론   12

2주차 기본권 총론 ~ 인간의 존엄과 가치·
         행복추구권·평등권   22
         평등권 ~ 자유권적 기본권   32

3주차 자유권적 기본권   43
         경제적 기본권 ~ 정치적 기본권   53

4주차 정치적 기본권 ~ 청구권적 기본권   64
         청구권적 기본권 ~ 국민의 기본적 의무   73

2순환·2주 반범위 문제

1주차 헌법과 헌법학 ~ 기본권 총론   86
         인간의 존엄과 가치·행복추구권·
         평등권 ~ 자유권적 기본권   94

2주차 자유권적 기본권   104
         자유권적 기본권 ~ 국민의 기본적 의무   114

정답

- 진도별 문제 정답   124
- 반범위 문제 정답   128

경찰헌법

1순환 ≫ 4주
진도별 문제

- **❶주차** | 헌법과 헌법학 ~ 대한민국헌법 총설   4
  대한민국헌법 총설 ~ 기본권 총론   12
- **❷주차** | 기본권 총론 ~ 인간의 존엄과 가치 ·
  행복추구권 · 평등권   22
  평등권 ~ 자유권적 기본권   32
- **❸주차** | 자유권적 기본권   43
  경제적 기본권 ~ 정치적 기본권   53
- **❹주차** | 정치적 기본권 ~ 청구권적 기본권   64
  청구권적 기본권 ~ 국민의 기본적 의무   73

헌법과 헌법학 ~ 대한민국헌법 총설

헌법해석과 헌법관

01. 헌법의 분류 및 헌법해석에 관한 설명으로 옳지 않은 것은?

① 우리나라는 성문헌법국가이지만 성문헌법에 모든 헌법사항을 빠짐 없이 완전히 규율하는 것은 불가능하다는 점에 비추어 불문헌법 내지 관습헌법을 인정할 소지가 있다.
② 고유한 의미의 헌법은 국민의 기본권 보장을 강조한다.
③ 헌법의 해석과 헌법의 적용이 우리 헌법이 지향하고 추구하는 방향에 부합하는 것이 아닐 때에는, 헌법적용의 방향 제시와 헌법적 지도로써 정치적 불안과 사회적 혼란을 막는 가치관을 설정하여야 한다.
④ 합헌적 법률해석이란 어떤 법률이 한 가지 해석방법에 의하면 헌법에 위배되는 것처럼 보이더라도 다른 해석방법에 의하면 헌법에 합치되는 것으로 볼 수 있다면 합헌으로 해석하여야 한다는 사법소극주의적인 법률해석기술이다.

헌법의 제정·개정과 변천

02. 헌법개정에 관한 설명으로 가장 옳지 않은 것은? (다툼이 있는 경우 판례에 의함)

① 우리 헌법은 헌법개정절차의 대상을 단지 '헌법'이라고만 하고 있으므로, 관습헌법도 헌법에 해당하는 이상 헌법개정의 대상인 헌법에 포함된다고 보아야 한다.
② 한미무역협정은 우호통상항해조약의 하나로서 성문헌법을 개정하는 효력이 없으므로 한미무역협정의 체결로 헌법개정절차에서의 국민투표권 침해의 가능성은 인정될 수 없다.
③ 대한민국과 미합중국 간의 자유무역협정으로 인하여 헌법 제72조의 국민투표권이 침해될 가능성이 인정된다.
④ 헌법개정의 한계에 관한 규정을 직접 두고 있지 않는 우리 헌법체계에서는 어떤 규정이 헌법핵 내지는 헌법제정규범으로서 상위규범이고 어떤 규정이 단순한 헌법개정규범으로서 하위규범인지를 구별하는 것이 가능하지 아니하며, 달리 헌법의 각 개별규정 사이에 그 효력상의 차이를 인정하여야 할 아무런 근거도 찾을 수 없다.

03. 헌법개정에 관한 설명으로 옳은 것은?

① 대통령이 헌법개정안을 발의하려면 국회 재적의원 과반수의 찬성을 얻어야 한다.
② 현행 헌법은 대통령의 임기연장 또는 중임변경을 위한 헌법개정은 할 수 없다고 규정하고 있다.
③ 헌법개정안은 국회가 의결한 후 20일 이상의 공고기간을 거쳐 국민투표에 붙여진다.
④ 헌법개정안에 대한 국회의 의결은 재적의원 3분의 2 이상의 찬성을 얻은 때에는 헌법개정은 확정되며, 대통령은 즉시 이를 공포하여야 한다.

04. 헌법개정에 관한 설명으로 가장 옳지 않은 것은?

① 슈미트에 의하면 헌법개정의 한계를 인정한다.
② 헌법개정은 국회 재적의원 과반수 또는 대통령의 발의로 제안된다.
③ 국회는 헌법개정안이 공고된 날로부터 60일 이내에 의결하여야 하며, 국회의 의결은 재적의원 3분의 2 이상의 찬성을 얻어야 한다.
④ 슈미트에 의하면 헌법제정의 한계를 인정한다.

05. 헌법변천에 관한 설명으로 옳지 않은 것은?

① 헌법변천은 실정 헌법의 조문은 그대로 존속하는 상태에서 그 의미 또는 내용이 실질적으로 변화하는 것을 의미한다.
② 미국 연방대법원의 위헌법률심사권이나 일본의 자위대를 통한 전력 보유는 헌법변천의 예로 설명될 수 있다.
③ 불문헌법 국가에서는 헌법변천이 인정되지 않는다.
④ 헌법변천을 한계 없이 인정할 경우 사실상 관철된 헌법현실 또는 심지어 위헌적인 헌법현실이 정당화되는 결과가 발생된다.

대한민국 헌정사

06. 대한민국헌법의 역사에 관한 설명으로 가장 옳지 않은 것은?

① 1960년 제3차 개정헌법은 중앙선거관리위원회를 처음으로 규정하였다.
② 구속적부심은 건국헌법에 규정된 후로 계속 규정되었다.
③ 1980년 제8차 개정헌법은 형사피고인의 무죄추정원칙을 처음으로 명문화하였다.
④ 1987년 제9차 개정헌법은 적법절차원칙을 처음으로 명문화하였다.

07. 대한민국 헌정사에 관한 설명으로 옳지 않은 것은?

① 제1차 개정헌법(1952년 개정헌법)에서는 국무위원과 행정각부 장관은 국무총리의 제청으로 대통령이 임면하도록 하고 국무원 불신임결의권을 국회(민의원)에 부여하였다.
② 제4차 개정헌법(1960년 개정헌법)에서는 부칙에 대통령·부통령 선거에 관련하여 부정행위를 한 자를 처벌하기 위한 특별법 또는 특정 지위에 있음을 이용하여 현저한 반민주행위를 한 자의 공민권을 제한하기 위한 특별법을 제정할 수 있는 소급입법의 근거를 두었다.
③ 제5차 개정헌법(1962년 개정헌법)에서는 국민이 4년 임기의 대통령을 선거하고, 대통령은 1차에 한하여 중임할 수 있도록 하였으며, 위헌법률심사권을 대법원의 권한으로 하였다.
④ 제3차 개정헌법에서 헌법재판소를 규정하였고 헌법소원을 관장하도록 하였으나 헌법재판소가 실시되지는 못하였다.

대한민국의 국가형태와 구성요소

08. 국적에 관한 설명으로 가장 옳지 않은 것은?

① 복수국적자로서 외국 국적을 선택하려는 자는 외국에 주소가 있는 경우에만 국적이탈을 신고할 수 있도록 정한 「국적법」 조항은 국적이탈의 자유를 침해하지 않는다.
② 「국적법」상 부모가 모두 국적이 없는 경우라도 대한민국에서 출생한 사람은 대한민국 국적을 취득한다.
③ 대한민국 국민으로서 자진하여 외국 국적을 취득한 사람은 그 외국 국적을 취득한 때에 대한민국 국적을 상실한다.
④ 국적은 성문의 법령을 통해서 생성되고 「국적법」의 폐지에 의하여 부정된다.

09. 대한민국 국적에 관한 설명으로 옳지 않은 것은? (다툼이 있는 경우 판례에 의함)

① 만 20세가 되기 전에 복수국적자가 된 자는 만 22세가 되기 전까지, 만 20세가 된 후에 복수국적자가 된 자는 그 때부터 2년 내에 「국적법」이 정한 절차에 따라 하나의 국적을 선택하여야 한다. 다만, 「국적법」에 따라 법무부장관에게 대한민국에서 외국 국적을 행사하지 아니하겠다는 뜻을 서약한 복수국적자는 제외한다.

② 외국인과의 혼인으로 그 배우자의 국적을 취득하게 된 대한민국의 국민은 그 외국 국적을 취득한 때부터 6개월 내에 대한민국 국적을 보유할 의사가 없다는 뜻을 법무부장관에게 신고하고 이를 법무부장관이 인정하면 신고 시부터 대한민국 국적을 상실한다.

③ "법무부장관은 거짓이나 그 밖의 부정한 방법으로 귀화허가, 국적회복허가, 국적의 이탈 허가 또는 국적보유판정을 받은 자에 대하여 그 허가 또는 판정을 취소할 수 있다."라는 「국적법」 조항 중 국적회복허가취소에 관한 부분은 거주·이전의 자유 및 행복추구권을 침해하지 아니한다.

④ 복수국적자가 「병역법」 제8조에 따라 병역준비역에 편입된 때부터 3개월 이내에 하나의 국적을 선택하여야 하고, 이 기간이 지나면 병역의무가 해소되기 전에는 국적이탈 신고를 할 수 없도록 한 「국적법」 조항은 국적이탈의 자유를 침해한다.

10. 국적에 관한 설명으로 옳지 않은 것은?

① 「국적법」 조항 중 거짓이나 그 밖의 부정한 방법으로 국적회복허가를 받은 사람에 대하여 그 허가를 취소할 수 있도록 규정한 부분은 과잉금지원칙에 위배하여 거주·이전의 자유 및 행복추구권을 침해하지 아니한다.

② 1978.6.14.부터 1998.6.13. 사이에 태어난 모계출생자(모가 대한민국 국민이거나 모가 사망할 당시에 모가 대한민국 국민이었던 자)가 대한민국 국적을 취득할 수 있는 특례를 두면서 2004.12.31.까지 국적취득 신고를 한 경우에만 대한민국 국적을 취득하도록 한 「국적법」 조항은, 평등원칙에 위배되지 않는다.

③ 「국적법」 조항 중 '외국에 주소가 있는 경우'는 입법취지 및 사전적 의미 등을 고려할 때 다른 나라에 생활근거가 있는 경우를 뜻함이 명확하므로 명확성원칙에 위배되지 아니한다.

④ 과학·경제·문화·체육 등 특정 분야에서 매우 우수한 능력을 보유한 사람으로서 대한민국의 국익에 기여할 것으로 인정되는 사람은 국내에 주소가 없어도 특별귀화가 가능하다.

11. 국적과 국민에 관한 설명으로 옳지 <u>않은</u> 것은?

① 병역을 기피할 목적으로 대한민국 국적을 상실하였거나 이탈하였던 사람에 대해서는 국적회복을 허가하지 아니할 수 있다.
② 국적회복허가를 받은 사람은 법무부장관 앞에서 국민선서를 하고 국적회복증서를 수여받은 때에 대한민국 국적을 취득한다.
③ 한국인과 혼인한 외국인이 2년의 거주기간을 채우지 못한 경우에도 미성년의 자를 양육하는 경우에는 혼인해소의 사유가 자신에게 책임 있는가를 불문하고 나머지 기간을 채우면 간이귀화가 가능하다.
④ 대한민국에서 출생한 대한민국 국민이 외국 국적을 취득하여 복수국적자가 된 경우 국가안보, 외교관계 및 국민경제 등에 있어서 대한민국의 국익에 반하는 행위를 하는 경우 국적상실결정을 할 수 없다.

12. 국가의 구성요소에 관한 설명으로 옳은 것은 모두 몇 개인가? (다툼이 있는 경우 판례에 의함)

> ㄱ. 국가의 구성요소를 주권 국민 영토로 구분한 것은 옐리네크에 의한 것으로 우리 헌법상 조약에 의해 주권이 제약될 수 있다.
> ㄴ. 외국인인 개인이 특정한 국가의 국적을 선택할 권리가 우리 헌법상 당연히 인정된다고는 할 수 없다.
> ㄷ. 영토의 변경에는 헌법개정이 필요하다.
> ㄹ. 외국인이 복수국적을 누릴 자유는 헌법상 행복추구권에 의하여 보호되는 기본권에 해당하지 않는다.

① 1개　　② 2개　　③ 3개　　④ 4개

대한민국헌법의 기본원리

13. 대한민국헌법 전문에 관한 설명으로 가장 옳지 <u>않은</u> 것은?

① 헌법 전문이란 헌법전(憲法典)의 일부를 구성하는 헌법 서문을 말하지만, 성문헌법의 필수적 구성요소는 아니다.
② 헌법 전문은 모든 국민이 따르고 지켜야 할 규범인 동시에 헌법재판소의 재판에서 적용되는 법규범이다.
③ 현행헌법 전문에 담겨있는 최고이념은 국민주권주의와 자유민주주의에 입각한 입헌민주헌법의 본질적 기본원리에 기초하고 있다.
④ 미연방대법원은 헌법 전문의 규범성을 인정한다.

14. 현행 헌법의 전문(前文)에서 명시적으로 언급하고 있지 <u>않은</u> 것은?

① 자손의 안전
② 항구적인 세계평화
③ 경제에 있어서 개인의 자유와 창의
④ 국민생활의 균등한 향상

15. 헌법상 기본원리에 관한 설명으로 가장 옳지 <u>않은</u> 것은?

① 국민주권주의를 구현하기 위하여 헌법은 국가의 의사결정방식으로 대의제를 채택하고, 이를 가능하게 하는 선거제도를 규정함과 아울러 선거권, 피선거권을 기본권으로 보장하며, 대의제를 보완하기 위한 방법으로 직접민주제방식의 하나인 국민투표제도를 두고 있다.
② 규범 상호간의 체계정당성원리는 입법자의 자의를 금지하여 규범의 명확성, 예측가능성 및 규범에 대한 신뢰와 법적 안정성을 확보하기 위한 것으로, 이는 국가공권력에 대한 통제와 이를 통한 국민의 자유와 권리의 보장을 이념으로 하는 법치주의원리로부터 도출된다.
③ 문화국가원리는 견해와 사상의 다양성을 그 본질로 하며, 이를 실현하는 국가의 문화정책은 불편부당의 원칙에 따라야 하는바, 모든 국민은 정치적 견해 등에 관계 없이 문화 표현과 활동에서 차별을 받지 않아야 한다.
④ 우리 헌법은 사회국가원리를 명문으로 규정하면서 이를 구체화하고 있는데, 이 중 헌법 제119조 제2항에 규정된 '경제주체 간의 조화를 통한 경제민주화'의 이념은 경제영역에서 정의로운 사회질서를 형성하기 위하여 추구할 수 있는 국가목표일 뿐, 개인의 기본권을 제한하는 국가행위를 정당화하는 헌법규범은 아니다.

16. 법치주의에 관한 설명으로 옳지 <u>않은</u> 것은? (다툼이 있는 경우 판례에 의함)

① 소급입법으로 보안처분을 규정하는 것은 가능하다.
② 법치주의는 행정작용에 국회가 제정한 형식적 법률의 근거가 요청된다는 법률유보를 그 핵심적 내용의 하나로 한다.
③ 주택 임차인이 계약갱신요구를 할 경우 임대인이 정당한 사유 없이 거절하지 못하도록 하고, 임대인이 실제 거주를 이유로 갱신을 거절한 후 정당한 사유 없이 제3자에게 임대한 경우 손해배상책임을 부담시키는 것은 계약의 자유를 침해한다.
④ 상가건물 임대차의 계약갱신요구권 행사 기간을 5년에서 10년으로 연장하면서, 이를 개정법 시행 후 갱신되는 임대차에 대하여도 적용하도록 규정한 「상가건물 임대차보호법」은 부진정소급이다.

17. 법률유보에 관한 설명으로 옳은 것은? (다툼이 있는 경우 판례에 의함)

① 전기요금의 결정에 관한 내용을 반드시 입법자가 스스로 규율해야 하는 부분이라고 보기 어려우므로, 한국전력공사가 정한 전기 누진료는 의회유보원칙에 위반되지 아니한다.
② 행정부에서 제정된 대통령령에서 규정한 내용이 정당한 것인지 여부와 위임의 적법성은 직접적인 관계가 있다.
③ 하위 행정입법의 제정 없이 상위 법령의 규정만으로 집행이 이루어질 수 있는 경우에도 하위 행정입법을 하여야 할 헌법적 작위의무가 인정된다.
④ 한국방송공사로부터 수신료 징수업무를 위탁받은 자가 수신료를 징수할 때 그 고유업무와 관련된 고지행위와 결합하여 이를 행사하여서는 안 된다고 규정한 「방송법 시행령」 제43조 제2항은 청구인의 방송의 자유를 침해한다.

18. 법치국가원리에 관한 설명으로 옳지 않은 것은? (다툼이 있는 경우 판례에 의함)

① "행정절차에서의 위법하거나 부당한 구금의 피해자에 대하여도 보상하는 규정을 두지 않은 것이 헌법에 위배된다."라고 주장하는 것은 「헌법재판소법」 제68조 제2항에 의한 헌법소원에서 부진정입법부작위를 다투는 것에 해당한다.
② 실질적인 혼인관계가 존재하지 아니한 기간을 제외하고 분할연금을 산정하도록 개정된 「국민연금법」 제64조 제1항·제4항을 개정법 시행 후 최초로 분할연금 지급사유가 발생한 경우부터 적용하도록 규정한 「국민연금법」 부칙 제2조는 헌법에 위반되지 않는다.
③ 법률이 구체적인 사항을 대통령령에 위임하고 있고, 그 대통령령에 규정되거나 제외된 부분의 위헌성이 문제되는 경우, 헌법의 근본원리인 권력분립주의와 의회주의 내지 법치주의의 원리상, 법률조항의 위임에 따라 대통령령으로 규정한 내용이 헌법에 위반될 경우라도 그로 인하여 정당하고 적법하게 입법권을 위임한 수권법률조항까지도 위헌으로 되는 것은 아니다.
④ 자기책임원리는 인간의 자유와 유책성, 그리고 인간의 존엄성을 진지하게 반영한 원리로 민사법이나 형사법에 국한된 원리라기보다는 근대법의 기본이념으로서 법치주의에 당연히 내재하는 원리이다.

19. 소급입법금지원칙에 관한 설명으로 옳지 <u>않은</u> 것은? (다툼이 있는 경우 판례에 의함)

① 구 「수도권 대기환경개선에 관한 특별법」 조항은, 특정 경유자동차에 배출가스저감장치를 부착하여 운행하고 있는 소유자에 대하여 위 조항의 개정 이후 '폐차나 수출 등을 위한 자동차등록의 말소'라는 별도의 요건사실이 충족되는 경우에 배출가스저감장치를 반납하도록 하고 있는데, 이는 부진정소급입법에 해당한다.

② 상가건물 임차인의 계약갱신요구권 행사 기간을 5년에서 10년으로 연장한 「상가건물 임대차보호법」 조항을 개정법 시행 이전에 체결되었더라도 개정법 시행 이후 갱신되는 임대차에 적용하도록 한 동법 부칙조항은 진정소급입법에 해당하여 소급입법금지원칙에 위배된다.

③ 공무원이 '직무와 관련 없는 과실로 인한 경우' 및 '소속상관의 정당한 직무상의 명령에 따르다가 과실로 인한 경우'를 제외하고 재직 중의 사유로 금고 이상의 형을 받은 경우, 퇴직급여 등을 감액하도록 규정한 구 「공무원연금법」 조항을 다음 해부터 적용하도록 규정한 동법 부칙조항은 진정소급입법에 해당하지 않는다.

④ 1945.9.25. 및 1945.12.6. 각각 공포된 재조선미국육군사령부군정청 법령 중, 1945.8.9. 이후 일본인 소유의 재산에 대하여 성립된 거래를 전부 무효로 한 조항과 그 대상이 되는 재산을 1945.9.25.로 소급하여 전부 미군정청의 소유가 되도록 한 조항은 모두 소급입법금지원칙에 대한 예외에 해당하므로 헌법에 위반되지 않는다.

20. 권력분립에 관한 설명으로 옳지 <u>않은</u> 것은? (다툼이 있는 경우 판례에 의함)

① 본질적으로 권력통제의 기능을 가진 특별검사제도의 취지와 기능에 비추어 볼 때 특별검사제도의 도입 여부를 입법부가 독자적으로 결정하고 특별검사의 임명에 관한 권한을 헌법기관 간에 분산시키는 것이 권력분립원칙에 반하지 않고, 정치적 사건을 담당하게 될 특별검사의 임명에 정치적 중립성을 엄격하게 지켜야 할 대법원장을 관여시키는 것도 헌법상 권력분립원칙에 위반되지 않는다.

② 로크는 사법권의 독립을 주장하였으나 몽테스키외는 사법권의 독립을 주장하지 않았다.

③ 전통적으로 권력분립원칙은 입법권·행정권·사법권의 분할과 이들 간의 견제와 균형의 원리이므로, 고위공직자범죄수사처의 설치로 말미암아 고위공직자범죄수사처와 기존의 다른 수사기관과의 관계가 문제된다 하더라도 동일하게 행정부 소속인 고위공직자범죄수사처와 다른 수사기관 사이의 권한 배분의 문제는 헌법상 권력분립원칙의 문제라고 볼 수 없다.

④ 대통령이 국군을 이라크에 파견하기로 한 결정은 그 성격상 국방 및 외교에 관련된 고도의 정치적 결단을 요하는 문제로서 헌법과 법률이 정한 절차를 지켜 이루어진 것임이 명백하므로, 대통령과 국회의 판단은 존중되어야 하고 헌법재판소가 사법적 기준만으로 이를 심판하는 것은 자제되어야 한다.

대한민국헌법 총설 ~ 기본권 총론

대한민국헌법의 기본원리

01. 다음 설명 중 가장 옳지 <u>않은</u> 것은? (다툼이 있는 경우 판례에 의함)

① 법률에 따른 개인의 행위가 단지 법률이 반사적으로 부여하는 기회의 활용을 넘어서 국가에 의하여 일정 방향으로 유인된 것이라면 특별히 보호가치가 있는 신뢰이익이 인정될 수 있고, 원칙적으로 개인의 신뢰보호가 국가의 법률개정이익에 우선된다고 볼 여지가 있다.

② 허가된 어업의 어획효과를 높이기 위하여 다른 어업의 도움을 받아 조업활동을 하는 행위를 금지한 「수산자원관리법」 제22조 제2호는 헌법에 위반된다.

③ 진정소급입법이 허용되는 예외적인 경우로는 일반적으로 국민이 소급입법을 예상할 수 있었거나 법적 상태가 불확실하고 혼란스러워 보호할 만한 신뢰이익이 적은 경우와 소급입법에 의한 당사자의 손실이 없거나 아주 경미한 경우 그리고 신뢰보호의 요청에 우선하는 심히 중대한 공익상의 사유가 소급입법을 정당화하는 경우를 들 수 있다.

④ 신법이 피적용자에게 유리한 경우에는 이른바 시혜적인 소급입법이 가능하지만 이를 입법자의 의무라고는 할 수 없고, 그러한 소급입법을 할 것인지의 여부는 입법재량의 문제로서 그 판단은 일차적으로 입법기관에 맡겨져 있으며, 이와 같은 시혜적 조치를 할 것인가 하는 문제는 국민의 권리를 제한하거나 새로운 의무를 부과하는 경우와는 달리 입법자에게 보다 광범위한 입법형성의 자유가 인정된다.

02. 헌법재판의 결정에 관한 설명으로 옳지 <u>않은</u> 것은? (다툼이 있는 경우 판례에 의함)

① 안경사가 전자상거래 등을 통해 콘택트렌즈를 판매하는 행위를 금지하고 있는 「의료기사 등에 관한 법률」 제12조 제5항 제1호 중 '안경사의 콘택트렌즈 판매'에 관한 부분은 헌법에 위반된다.

② 2020년 귀속 종합부동산세의 납세의무자, 과세표준, 세율 및 세액, 세부담 상한 등에 관한 구 「종합부동산세법」 제7조 제1항 등은 헌법에 위반되지 아니한다.

③ 「헌법재판소법」 제68조 제1항에 의한 헌법소원심판절차에 있어서도 가처분의 필요성은 있을 수 있고, 달리 가처분을 허용하지 아니할 상당한 이유를 찾아볼 수 없으므로 헌법소원심판청구 사건에서도 가처분은 허용된다.

④ 가처분의 요건을 갖춘 것으로 인정되고, 이에 덧붙여 가처분을 인용한 뒤 종국결정에서 청구가 기각되었을 때 발생하게 될 불이익과 가처분을 기각한 뒤 청구가 인용되었을 때 발생하게 될 불이익에 대한 비교형량을 하여 후자의 불이익이 전자의 불이익보다 크다면 가처분을 인용할 수 있다.

03. 다음 중 판례의 내용으로 옳지 <u>않은</u> 것은? (다툼이 있는 경우 판례에 의함)

① 정당의 중앙당은 수도에 소재하도록 규정한 「정당법」 제3조 중 '수도에 소재하는 중앙당'에 관한 부분 및 「정당법」상 정당의 당원이 될 수 없는 공무원과 사립학교의 교원은 후원회의 회원이 될 수 없다고 규정한 구 「정치자금법」은 헌법에 위반되지 않는다.
② 치료감호와 형(刑)이 병과된 경우 치료감호를 먼저 집행하도록 한 「치료감호법」 제18조 제1문은 다른 재판을 준비하는 청구인의 법적 지위에 영향을 준다고 볼 수 없어 기본권침해가능성이 없으므로 심판청구가 부적법하다.
③ 일제강점기 사할린에 강제 이주된 청구인들의 대일청구권이 이른바 한일청구권협정 제2조 제1항에 의하여 소멸하였는지 여부에 관한 한일 양국 간 해석상 분쟁을 한일청구권협정 제3조가 정한 절차에 의하여 해결하지 않고 있는 것은 피청구인의 부작위성이 인정된다.
④ 지방자치단체의 장이 대규모점포 등에 대하여 일정한 범위의 영업시간 제한 및 의무휴업을 명할 수 있도록 규정한 구 「유통산업발전법」 제12조의2에 대하여 제기한 헌법소원심판청구는 기본권침해의 직접성이 인정되지 않아 부적법하다.

04. 헌법상 규범통제제도에 관한 헌법재판소의 판시내용으로 가장 옳지 <u>않은</u> 것은?

① 「헌법재판소법」 제68조 제2항에 의한 헌법소원심판의 경우, 법률은 심판대상이 되지만 명령이나 규칙은 심판대상이 되지 않는다.
② 아메리카합중국 군대가 대한민국의 영토 및 그 부근에 배비하는 권리에 관한 「대한민국과 아메리카합중국 간의 상호방위조약」 제4조 및 미합중국이 대한민국에서 시설과 구역의 사용을 공여받도록 하고, 합동위원회에 관하여 규정하고 있는 「대한민국과 아메리카합중국 간의 상호방위조약」 제4조에 의한 시설과 구역 및 대한민국에서의 합중국 군대의 지위에 관한 협정 부분은 「헌법재판소법」 제68조 제2항의 헌법소원으로 적법하다.
③ 법률과 동일한 효력을 갖는 긴급명령 및 긴급재정경제명령의 위헌 여부 심사권한은 헌법재판소에 전속된다.
④ 실질적으로 법률과 같은 효력을 가지는 관습법도 「헌법재판소법」 제68조 제2항에 의한 헌법소원심판의 대상이 된다.

05. 헌법소원에 관한 설명으로 옳지 않은 것은? (다툼이 있는 경우 판례에 의함)

① 주한미군사령부 부사령관과 사이에 주한미군에 성주 골프장 부지 중 일부의 사용을 공여하는 내용으로 체결한 협정은 헌법소원의 대상이다.
② 옥외집회·시위에 대한 경찰의 촬영행위에 의해 취득한 자료는 '개인정보'의 보호에 관한 일반법인 「개인정보 보호법」이 적용된다.
③ 근접촬영과 달리 먼 거리에서 집회·시위 현장을 전체적으로 촬영하는 소위 조망촬영이 기본권을 덜 침해하는 방법이라는 주장도 있으나, 최근 기술의 발달로 조망촬영과 근접촬영 사이에 기본권침해라는 결과에 있어서 차이가 있다고 보기 어려워, 경찰이 집회·시위에 대해 조망촬영이 아닌 근접촬영을 하였다는 이유만으로 헌법에 위반되는 것은 아니다.
④ 「채증활동규칙」은 집회·시위 현장에서 불법행위의 증거자료를 확보하기 위해 행정조직의 내부에서 상급행정기관이 하급행정기관에 대하여 발령한 내부기준으로 행정규칙이지만 직접 집회참가자들의 기본권을 제한하지 않으므로 이에 대한 헌법소원심판청구는 기본권침해의 직접성 요건을 충족하지 못하였다.

06. 헌법소원심판에 관한 설명으로 옳지 않은 것은? (다툼이 있는 경우 판례에 의함)

① 「헌법재판소법」제68조 제2항에 따른 헌법소원심판은 위헌 여부 심판의 제청신청을 기각하는 결정을 통지받은 날부터 30일 이내에 청구하여야 한다.
② 대한행정사회 설치를 내용으로 하는 「행정사법」제26조는 헌법소원으로 다툴 수 있는 '공권력의 행사'에 해당한다.
③ 「헌법재판소법」제68조 제1항의 '기본권을 침해받은 자'라 함은 공권력의 행사 또는 불행사로 인하여 자기의 기본권이 현재 그리고 직접적으로 침해받은 자를 의미하며 단순히 간접적, 사실적 또는 경제적인 이해관계가 있을 뿐인 제3자는 이에 해당하지 않는다.
④ 법령의 시행일 이후 일정한 유예기간을 둔 경우, 이에 대한 헌법소원심판청구기간의 기산점은 그 법령의 시행일이 아니라 유예기간의 경과일이다.

대한민국헌법의 기본질서

07. 헌법상 경제질서에 관한 설명으로 옳지 <u>않은</u> 것은?

① 국가는 지역 간의 균형 있는 발전을 위하여 지역경제를 육성할 의무를 진다.
② 국민경제상 긴절한 필요로 인하여 법률이 정하는 경우에는 사영기업을 국유 또는 공유로 이전하거나 경영을 통제 또는 관리할 수 있다.
③ 국가는 농지에 관하여 경자유전의 원칙이 달성될 수 있도록 노력하여야 하며, 농지의 임대차나 위탁경영은 허용될 수 없다.
④ 국가는 국토의 효율적이고 균형 있는 이용·개발과 보전을 위하여 법률이 정하는 바에 의하여 그에 관한 필요한 제한과 의무를 과할 수 있다.

08. 경제질서에 관한 설명으로 옳지 <u>않은</u> 것은? (다툼이 있는 경우 판례에 의함)

① 구 「상속세 및 증여세법」 제45조의3 제1항은 이른바 일감 몰아주기로 수혜법인의 지배주주 등에게 발생한 이익에 대하여 증여세를 부과함으로써 적정한 소득의 재분배를 촉진하고, 시장의 지배와 경제력의 남용 우려가 있는 일감 몰아주기를 억제하려는 것이므로, 특수관계법인과 수혜법인의 거래가 있으면 획일적 기준에 의하여 산정된 미실현이익을 수혜법인의 지배주주가 증여받은 것으로 보는 것은 수혜법인의 지배주주의 재산권을 침해하지 않는다.
② 헌법 제119조 제2항은 독과점규제라는 경제정책적 목표를 개인의 경제적 자유를 제한할 수 있는 정당한 공익의 하나로 명문화하고 있는데, 독과점규제의 목적이 경쟁의 회복에 있다면 이 목적을 실현하는 수단 또한 자유롭고 공정한 경쟁을 가능하게 하는 방법이어야 한다.
③ '사영기업의 국유 또는 공유로의 이전'은 일반적으로 공법적 수단에 의하여 사기업에 대한 소유권을 국가나 기타 공법인에 귀속시키고 사회정책적·국민경제적 목표를 실현할 수 있도록 그 재산권의 내용을 변형하는 것을 말하며, 또 사기업의 '경영에 대한 통제 또는 관리'는 비록 기업에 대한 소유권의 보유주체에 대한 변경은 이루어지지 않지만 사기업 경영에 대한 국가의 광범위하고 강력한 감독과 통제 또는 관리의 체계를 의미한다고 할 것이다.
④ 헌법 제119조는 헌법상 경제질서에 관한 일반조항으로서 국가의 경제정책에 대한 하나의 헌법적 지침일 뿐만 아니라, 그 자체가 기본권의 성질을 가진다거나 독자적인 위헌심사의 기준이 된다고 할 수 있다.

09. 다음 중 판례의 내용으로 옳지 <u>않은</u> 것은? (다툼이 있는 경우 판례에 의함)

① '기타 특히 신용할 만한 정황에 의하여 작성된 문서'를 당연히 증거능력 있는 서류로 규정하고 있는 「형사소송법」 제315조 제3호는 명확성원칙에 위배되지 않는다.
② 공범이 다른 사건에서 피고인으로서 한 진술을 기재한 공판조서를 당연히 증거능력 있는 서류로 규정하고 있는 「형사소송법」 규정은 피고인의 공정한 재판을 받을 권리를 침해하지 않는다.
③ 자유형(징역·금고를 말한다) 형기의 '연월'을 역수에 따라 계산하도록 하면서 윤달이 있는 해에 형집행 대상이 되는 경우에 관하여 형기를 감하여 주는 보완규정을 두지 않은 「형법」 제83조는 과잉금지원칙에 위반하여 신체의 자유를 침해하지 않는다.
④ 대한민국 외교부장관과 일본국 외무대신이 2015.12.28. 공동발표한 '일본군 위안부 피해자 문제 관련 합의'는 대한민국 정부의 외교적 보호권한이 소멸하였다고 볼 수 없으므로 헌법소원심판청구의 대상이다.

10. 지방자치제도에 관한 설명으로 가장 옳지 <u>않은</u> 것은?

① 지방의회는 조례의 제정·개정 및 폐지, 예산의 심의·확정, 결산의 승인, 행정사무감사 및 조사권을 가진다.
② 감사원은 지방자치단체에 대하여 합법성 감사만 실시할 수 있으나, 중앙행정기관은 지방자치단체에 대하여 합법성 감사와 합목적성 감사를 할 수 있다.
③ 지방자치단체는 사무처리를 위한 행정기구를 설치할 수 있고, 소속 공무원에 관한 임용, 징계 등 인사를 스스로 할 수 있다.
④ 지방자치단체가 기관위임사무에 관한 권한쟁의심판을 청구하는 것은 허용되지 아니한다.

11. 지방자치에 관한 설명으로 옳지 <u>않은</u> 것은?

① 지방자치단체는 주민의 복리에 관한 사무를 처리하고 재산을 관리하며, 법령의 범위 안에서 자치에 관한 규정을 제정할 수 있다.
② 헌법은 지방의회의 조직·권한·의원 선거와 지방자치단체의 장의 선임방법 기타 지방자치단체의 조직과 운영에 관한 사항은 법률로 정하도록 하고 있다.
③ 주민투표권 및 주민소환권은 헌법상 보장되는 기본권으로 인정된다.
④ 국가가 영토고권을 가지는 것과 마찬가지로 지방자치단체에게 자신의 관할구역 내에 속하는 영토·영해·영공을 자유로이 관리하고 관할구역 내의 사람과 물건을 독점적·배타적으로 지배할 수 있는 권리가 부여되어 있다고 할 수는 없다.

12. 지방자치단체의 조례에 관한 설명으로 옳지 <u>않은</u> 것만을 모두 고른 것은? (다툼이 있는 경우 판례에 의함)

> ㄱ. 조례 제정·개폐청구권은 법률에 의하여 보장되는 권리가 아니라 헌법 제37조 제1항의 '헌법에 열거되지 아니한 권리'에 해당하므로 헌법상 보장된 기본권으로 볼 수 있다.
> ㄴ. 국가사무가 지방자치단체의 장에게 위임된 기관위임사무는 원칙적으로 자치조례의 제정범위에 속하지 않는다.
> ㄷ. 법률에서 조례에 위임할 사항이 헌법 제75조 소정의 행정입법에 위임할 사항보다 더 포괄적이라면 헌법에 위반된다.
> ㄹ. 법령에서 조례로 정하도록 위임한 사항은 그 법령의 하위법령에서 그 위임의 내용과 범위를 제한하거나 직접 규정할 수 없다.

① ㄱ, ㄷ   ② ㄱ, ㄹ   ③ ㄴ, ㄷ   ④ ㄴ, ㄹ

기본권의 주체

13. 외국인의 기본권에 관한 설명으로 가장 옳지 <u>않은</u> 것은? (다툼이 있는 경우 판례에 의함)

① 외국 국적동포가 국내에서 누리는 직업의 자유는 법률 이전에 헌법에 의해 부여된 기본권은 아니다.
② 최소한의 근로조건을 요구할 수 있는 권리는 자유권적 기본권의 성격도 아울러 가지므로 이러한 경우 외국인 근로자에게도 그 기본권 주체성을 인정함이 타당하다.
③ 외국인 중 영주권자 및 결혼이민자만을 긴급재난지원금 지급대상에 포함시키고 난민인정자를 제외한 2020.5.13.자 관계부처 합동 「긴급재난지원금 가구구성 및 이의신청 처리기준(2차)」 중 'I. 가구구성 관련 기준, 가구구성 세부기준' 가운데 '외국인만으로 구성된 가구'에 관한 부분은 헌법에 위반되지 않는다.
④ 인천공항출입국·외국인청장이 행한 인천국제공항 송환대기실에 수용된 난민에 대한 변호인 접견거부는 현행법상 아무런 법률상 근거가 없이 송환대기실에 수용된 난민의 변호인의 조력을 받을 권리를 제한한 것이므로, 송환대기실에 수용된 난민의 변호인의 조력을 받을 권리를 침해한 것이다.

14. 법인의 기본권 주체성에 관한 설명으로 옳지 않은 것은? (다툼이 있는 경우 판례에 의함)

① 공법상 재단법인인 방송문화진흥회가 최다출자자인 주식회사 형태의 공영방송사는 「방송법」 등 관련 규정에 의하여 공법상의 의무를 부담하고 있지만, 그 운영을 광고수익에 전적으로 의존하고 있다면 이를 위해 사경제 주체로서 활동하는 경우에는 기본권의 주체가 될 수 있다.
② 행복을 추구할 권리는 그 성질상 자연인에게 인정되는 기본권이기 때문에 법인에게는 적용되지 않는다.
③ 「지방자치법」은 지방자치단체를 법인으로 하도록 하고 있으므로, 지방자치단체도 기본권의 주체가 된다.
④ 헌법은 법인의 기본권 주체성에 관한 명문의 규정을 두고 있지 않다.

기본권의 효력

15. 헌법재판소 결정에 관한 설명으로 가장 옳지 않은 것은? (다툼이 있는 경우 판례에 의함)

① 형사재판 유죄확정판결이 있은 후 당해 처벌 근거조항에 대해 위헌결정이 내려진 경우 유죄판결을 받은 자는 재심청구를 통하여 유죄확정판결을 다툴 수 있다.
② 법률조항의 위헌결정으로 인하여 당해 법률 전부를 시행할 수 없다고 인정될 때에는 그 전부에 대하여도 위헌결정을 할 수 있다.
③ 주 52시간 상한제를 정한 「근로기준법」 제53조 제1항이 계약의 자유와 직업의 자유를 침해한다.
④ 형벌에 관한 법률 또는 법률의 조항이 위헌으로 결정된 경우 소급하여 그 효력을 상실하지만, 종전에 합헌으로 결정한 사건이 있는 경우에는 그 결정이 있는 다음 날로 소급하여 효력을 상실한다.

16. 기본권의 경합과 충돌에 관한 헌법재판소의 판시내용으로 옳지 않은 것은? (다툼이 있는 경우 판례에 의함)

① 헌법재판소는 공무원직에 관한 한 공무담임권은 직업의 자유에 우선하여 적용되는 특별법적 규정으로 직업의 자유의 적용은 배제된다고 판시하였다.
② 언론보도에 대한 반론권을 인정할 경우, 이는 언론기관의 보도의 자유와 개인의 인격권 사이에 실제적 조화를 추구하는 것으로 과잉금지원칙에 위배되지 않는다.
③ 학교환경위생정화구역 내에 극장 설치를 금지하는 법률에 의해 제한되는 표현 및 예술의 자유의 제한은 극장 운영자의 직업의 자유에 대한 제한을 매개로 하여 간접적으로 제약되는 것이라 할 것이고, 입법자의 객관적인 동기 등을 참작하여 볼 때 사안과 가장 밀접한 관계에 있고 또 침해의 정도가 가장 큰 주된 기본권은 직업의 자유라고 할 것이다.
④ 등록된 출판사가 음란 또는 저속한 간행물을 출판하여 공중도덕이나 사회윤리를 침해하였다고 인정되는 경우 등록청이 그 출판사의 등록을 취소할 수 있도록 하는 법률규정의 위헌 여부는 직업선택의 자유 및 재산권을 중심으로 해서 판단하여야 한다.

17. 기본권의 효력에 관한 설명으로 옳은 것만을 모두 고른 것은? (다툼이 있는 경우 판례에 의함)

ㄱ. 기본권의 대국가적 효력은 국가권력에 대한 개인의 방어적 권리라는 기본권의 성격에서 비롯된다.
ㄴ. 기본권의 제3자적 효력(대사인적 효력)은 기본권의 객관적 가치질서로서의 성격과 밀접한 관련이 있다.
ㄷ. 기본권 규정은 그 성질상 사법관계에 직접 적용될 수 있는 예외적인 것을 제외하고는 사법상의 일반원칙을 규정한 「민법」 제2조, 제103조, 제750조, 제751조 등의 내용을 형성하고 그 해석의 기준이 되어 간접적으로 사법관계에 효력을 미치게 된다.
ㄹ. 평등권이라는 기본권의 침해도 「민법」 제750조의 일반규정을 통하여 사법상 보호되는 인격적 법익침해의 형태로 구체화되어 논하여질 수 있지만, 그 위법성 인정을 위하여는 반드시 사인 간의 평등권 보호에 관한 별개의 입법이 있어야 한다.

① ㄱ   ② ㄱ, ㄴ   ③ ㄱ, ㄴ, ㄷ   ④ ㄱ, ㄴ, ㄷ, ㄹ

기본권의 한계와 제한

18. 기본권 제한 및 제한의 한계에 관한 설명으로 가장 옳지 않은 것은? (다툼이 있는 경우 판례에 의함)

① 의료기관의 장으로 하여금 보건복지부장관에게 비급여 진료비용에 관한 사항을 보고하도록 한 「의료법」 제45조의2 제1항 중 '비급여 진료비용'에 관한 부분 및 의원급 의료기관의 비급여 진료비용에 관한 현황조사·분석 결과를 공개하도록 한 「비급여 진료비용 등의 공개에 관한 기준」 제3조 중 「의료법」 제3조 제2항 제1호에 따른 의료기관'의 '비급여 진료비용'에 관한 부분은 헌법에 위반되지 않는다.
② 공공필요에 의한 재산권의 수용·사용 또는 제한 및 그에 대한 보상은 법률로써 하되, 정당한 보상을 지급하여야 한다.
③ 법률이 정하는 주요방위산업체에 종사하는 근로자의 단체행동권은 법률이 정하는 바에 의하여 이를 제한하거나 인정하지 않을 수 있다.
④ 「의료사고 피해구제 및 의료분쟁 조정 등에 관한 법률」 제47조 제2항 후단 중 '그 금액' 부분과 「의료사고 피해구제 및 의료분쟁 조정 등에 관한 법률」 제47조 제2항 전단, 같은 항 후단 중 '납부방법 및 관리 등' 부분, 「의료사고 피해구제 및 의료분쟁 조정 등에 관한 법률」 제47조 제4항은 모두 헌법에 위반된다.

19. 기본권 제한 및 제한의 한계에 관한 설명으로 가장 옳지 않은 것은? (다툼이 있는 경우 판례에 의함)

① 유치원의 학교에 속하는 회계의 예산과목 구분을 정한 「사학기관 재무·회계 규칙」 제15조의2 제1항 단서 및 [별표 5], [별표 6]은 사립유치원 설립·경영자인 청구인들의 사립유치원 운영의 자유, 재산권, 평등권을 침해하지 않는다.
② 공중보건의사가 군사교육에 소집된 기간을 복무기간에 산입하지 않도록 규정한 「병역법」 제34조 제3항 중 "군사교육소집기간은 복무기간에 산입하지 아니한다." 부분 가운데 공중보건의사에 관한 부분 및 「농어촌 등 보건의료를 위한 특별조치법」 제7조 제1항 중 「병역법」 제55조에 따라 받는 군사교육소집기간 외에' 부분은 헌법에 위반된다.
③ 긴급재정경제명령이 헌법 제76조 소정의 요건과 한계에 부합하는 것이라면 그 자체로 목적의 정당성, 수단의 적정성, 피해의 최소성, 법익의 균형성이라는 기본권 제한의 한계로서의 과잉금지원칙을 준수하는 것이 되는 것이다.
④ 비상계엄이 선포된 경우 기본권에 관한 특별한 조치를 할 수 있다.

20. 헌법재판소 판례에 관한 설명으로 가장 옳지 않은 것은? (다툼이 있는 경우 판례에 의함)

① 임차인이 3기의 차임액에 해당하는 금액에 이르도록 차임을 연체한 사실이 있는 경우 임대인의 권리금 회수기회 보호의무가 발생하지 않는 것으로 규정한 「상가건물 임대차보호법」 제10조의4 제1항 단서 중 제10조 제1항 단서 제1호에 관한 부분은 헌법에 위반된다.

② 체포 또는 구속을 당한 자의 가족 등 법률이 정하는 자에게는 그 이유와 일시·장소가 지체 없이 통지되어야 한다.

③ 체포·구속·압수 또는 수색을 할 때에는 적법한 절차에 따라 검사의 신청에 의하여 법관이 발부한 영장을 제시하여야 한다.

④ 모든 국민은 고문을 받지 아니하며, 형사상 자기에게 불리한 진술을 강요당하지 아니한다.

기본권 총론 ~ 인간의 존엄과 가치·행복추구권·평등권

기본권의 한계와 제한

01. 기본권 제한에 관한 설명으로 가장 옳지 않은 것은? (다툼이 있는 경우 판례에 의함)

① 입법자가 선택한 수단보다 국민의 기본권을 덜 침해하는 수단이 존재하더라도 그 다른 수단이 효과 측면에서 입법자가 선택한 수단과 동등하거나 유사하다고 단정할 만한 명백한 근거가 없는 이상 과잉금지원칙에 위반된다고는 할 수 없다.

② 형사재판과 같이 피고인의 방어권 보장이 절실한 경우조차 피고인으로 출석하는 수형자에 대하여 예외 없이 사복 착용을 금지한 것은 과잉금지원칙에 위배된다.

③ 공기총의 소지허가를 받은 자로 하여금 그 공기총을 일률적으로 허가관청이 지정하는 곳에 보관하도록 하고 있는 「총포·도검·화약류 등의 안전관리에 관한 법률」 조항은 보관방법에 대한 제한일 뿐이므로 과잉금지원칙에 위배되지 않는다.

④ 보호의무자 2인의 동의 및 정신건강의학과 전문의 1인의 진단을 요건으로 정신질환자를 정신의료기관에 보호입원시켜 치료를 받도록 하는 「정신보건법」 조항은 과잉금지원칙에 위배되지 않는다.

02. 기본권 제한 및 한계에 관한 설명으로 옳지 않은 것은? (다툼이 있는 경우 판례에 의함)

① 금치처분을 받은 수형자에 대하여 집필의 목적과 내용 등을 묻지 아니하고 일체의 집필행위를 금지하는 것은 입법목적 달성을 위한 필요최소한의 제한이라는 한계를 벗어난 것으로서 과잉금지원칙에 위반된다.

② 정치적 견해는 개인의 인격주체성을 특징짓는 개인정보에 해당하고, 그것이 지지선언 등의 형식으로 공개적으로 이루어진 것이라면 개인정보자기결정권의 보호범위 내에 속하지 않는다.

③ 정부에 대한 반대 견해나 비판에 대하여 합리적인 홍보와 설득으로 대처하는 것이 아니라 비판적 견해를 가졌다는 이유만으로 국가의 지원에서 일방적으로 배제함으로써 정치적 표현의 자유를 제재하는 공권력의 행사는 헌법의 근본원리인 국민주권주의와 자유민주적 기본질서에 반하는 것으로 그 목적의 정당성을 인정할 수 없다.

④ 육군3사관학교 사관생도는 군 장교를 배출하기 위하여 국가가 모든 재정을 부담하는 특수교육기관인 육군3사관학교의 구성원이므로 그 존립 목적을 달성하기 위하여 필요한 한도 내에서 일반 국민보다 상대적으로 기본권이 더 제한될 수 있으나, 그러한 경우에도 법률유보원칙, 과잉금지원칙 등 기본권 제한의 헌법상 원칙들을 지켜야 한다.

기본권의 확인과 보장

03. 다음 중 판례의 내용으로 옳지 않은 것은? (다툼이 있는 경우 판례에 의함)

① 청구인이 사건 심판청구 이후에 사망하면 청구인에 대한 심판절차는 청구인의 사망과 동시에 종료된다.
② 담배의 제조 및 판매에 관하여 규율하고 있는 구 「담배사업법」에 대하여 간접흡연자와 의료인은 자기관련성이 인정된다.
③ 「담배사업법」은 국가의 보호의무를 위반하여 청구인의 생명·신체의 안전에 관한 권리를 침해하지 않는다.
④ 기본권 보호의무는 최소한의 보호를 기준으로 심사한다.

04. 기본권 보호의무에 관한 설명으로 옳지 않은 것은? (다툼이 있는 경우 판례에 의함)

① 국가는 개인이 가지는 불가침의 기본적 인권을 확인하고 이를 보장할 의무를 지기에, 적어도 생명·신체의 보호와 같은 중요한 기본권적 법익 침해에 대해서는 그것이 국가가 아닌 제3자로서의 사인에 의해서 유발된 것이라고 하더라도 국가가 적극적인 보호의 의무를 진다.
② 국가의 기본권 보호의무로부터 태아의 출생 전에, 또한 태아가 살아서 출생할 것인가와는 무관하게, 태아를 위하여 민법상 일반적 권리능력을 인정하여야 한다는 헌법적 요청이 도출된다.
③ 국가가 국민의 건강하고 쾌적한 환경에서 생활할 권리에 대한 보호의무를 다하지 않았는지의 여부를 헌법재판소가 심사할 때에는 국가가 이를 보호하기 위하여 적어도 적절하고 효율적인 최소한의 보호조치를 취하였는가 하는, 이른바 과소보호금지원칙의 위반 여부를 기준으로 삼아야 한다.
④ 국가의 보호의무를 어떻게 실현하여야 할 것인가 하는 문제는 원칙적으로 권력분립과 민주주의의 원칙에 따라 국민에 의하여 직접 민주적 정당성을 부여받고 자신의 결정에 대하여 정치적 책임을 지는 입법자의 책임범위에 속하므로, 헌법재판소는 단지 제한적으로만 보호의무의 이행을 심사할 수 있다.

인간으로서의 존엄과 가치

05. 기본권에 관한 설명으로 옳은 것은? (다툼이 있는 경우 판례에 의함)

① 의료인이 임신 32주 이전에 태아의 성별을 임부 등에게 알리는 것을 금지한 「의료법」 제20조 제2항은 수단의 적합성이 인정되지 않는다.
② 모든 인간은 헌법상 생명권의 주체가 되며 형성 중의 생명인 태아에게 생명권 주체성이 인정되므로, 수정 후 모체에 착상되기 전인 초기배아에 대해서도 기본권 주체성을 인정할 수 있다.
③ 변호인의 조력을 받을 권리는 성질상 국민의 권리에 해당하므로 외국인은 그 주체가 될 수 없다.
④ 국가 조직영역 내에서 공적 과제를 수행하는 대통령은 소속 정당을 위하여 정당활동을 할 수 있는 사인으로서의 지위를 가지는 경우에도 기본권 주체성을 갖는다고 할 수 없다.

06. 헌법 제10조에 관한 설명으로 옳지 않은 것은? (다툼이 있는 경우 판례에 의함)

① 환자는 장차 죽음에 임박한 상태에 이를 경우에 대비하여 미리 의료인 등에게 연명치료 거부 또는 중단에 관한 의사를 밝히는 등의 방법으로 죽음에 임박한 상태에서 인간으로서의 존엄과 가치를 지키기 위하여 연명치료 거부 또는 중단을 결정할 수 있고, 이 결정은 헌법상 기본권인 자기결정권의 한 내용으로서 보장된다.
② 언어와 그 언어를 표기하는 방식인 글자는 정신생활의 필수적인 도구이며 타인과의 소통을 위한 가장 기본적인 수단인바, 한자를 의사소통의 수단으로 사용하는 것은 행복추구권에서 파생되는 일반적 행동의 자유 내지 개성의 자유로운 발현의 한 내용이다.
③ 일반적 행동자유권에는 위험한 생활방식으로 살아갈 권리도 포함되므로, 좌석안전띠를 매지 않을 자유는 헌법 제10조의 행복추구권에서 나오는 일반적 행동자유권의 보호영역에 속한다.
④ 전동킥보드에 대하여 최대속도는 시속 25km 이내로 제한하여야 한다는 안전기준을 둔 것은 헌법 제10조의 행복추구권에서 파생되는 소비자의 자기결정권을 제한할 뿐, 일반적 행동자유권까지 제한하는 것은 아니다.

07. 인간의 존엄과 가치 및 행복추구권에 관한 설명으로 옳지 않은 것은? (다툼이 있는 경우 판례에 의함)

① 광장 벤치에서 흡연을 금지하는 「국민건강증진법」 제9조 제8항 중 제4항 제16호에 관한 부분은 헌법에 위반되지 아니한다.
② 장래 가족의 구성원이 될 태아의 성별 정보에 대한 접근을 국가로부터 방해받지 않을 부모의 권리는 일반적 인격권에 의하여 보호된다.
③ 태어난 즉시 '출생등록될 권리'는 기본권이므로 혼인 외 출생자에 대한 현행 출생신고제도는 혼인 중 여자와 남편 아닌 남자 사이에서 출생한 자녀인 청구인들과 같은 경우 출생신고가 실효적으로 이루어질 수 있도록 보장하지 못하는 것은 혼인 외 출생자인 청구인들의 태어난 즉시 '출생등록될 권리'를 침해하고 심판대상조항들은 생부인 청구인들의 평등권을 침해한다.
④ 부모가 자녀의 이름을 지어주는 것은 자녀의 양육과 가족생활을 위하여 필수적인 것이고, 가족생활의 핵심적 요소라 할 수 있으므로, '부모가 자녀의 이름을 지을 자유'는 혼인과 가족생활을 보장하는 헌법 제36조 제1항과 행복추구권을 보장하는 헌법 제10조에 의하여 보호받는다.

08. 인간의 존엄과 가치 및 행복추구권에 관한 설명으로 가장 옳지 않은 것은? (다툼이 있는 경우 판례에 의함)

① 배아생성자의 배아에 대한 결정권은 헌법상 명문으로 규정되어 있지는 않지만 일반적 인격권의 한 유형으로서의 헌법상 권리이다.
② 이동통신사사업자가 제공하는 전기통신역무를 타인의 통신용으로 제공하는 것을 원칙적으로 금지하고 위반 시에는 형사처벌하는 「전기통신사업법」 조항은 이동통신서비스 이용자의 일반적 행동자유권을 침해한다.
③ 명의신탁이 증여로 의제되는 경우 명의신탁의 당사자에게 증여세의 과세가액 및 과세표준을 납세지 관할 세무서장에게 신고할 의무를 부과하는 「상속세 및 증여세법」 조항은 해당 명의신탁의 당사자의 일반적 행동자유권을 침해하지 않는다.
④ 이미 출국 수속 과정에서 일반적인 보안검색을 마친 승객들을 대상으로, 체약국의 요구가 있는 경우 촉수검색과 같은 추가적인 보안검색을 실시할 수 있도록 정한 국가항공보안계획은 과잉금지원칙에 위반되지 않으므로 해당 승객의 인격권을 침해하지 않는다.

09. 자기결정권에 관한 설명으로 가장 옳지 않은 것은? (다툼이 있는 경우 판례에 의함)

① 무연고 시신을 생전 본인의 의사와 무관하게 해부용 시체로 제공될 수 있도록 한 법률 규정은 자기결정권을 침해한다고 보기 어렵다.
② 교원의 교원단체 및 노동조합 가입정보는 사생활의 비밀과 자유 및 이를 구체화한 개인정보자기결정권에 의하여 보장된다.
③ 혼인빙자간음죄는 과잉금지원칙을 위반하여 남성의 성적 자기결정권 및 사생활의 비밀과 자유를 과잉제한하는 것으로 헌법에 위반된다.
④ 환자가 장차 죽음에 임박한 상태에 이를 경우를 대비하여 미리 의료인 등에게 연명치료 거부 또는 중단에 관한 의사를 밝히는 등의 방법으로 죽음에 임박한 상태에서 인간으로서의 존엄과 가치를 지키기 위하여 연명치료 거부 또는 중단을 결정할 수 있다 할 것이고, 이 결정은 헌법상 기본권인 자기결정권의 한 내용으로서 보장된다.

10. 인격권에 관한 설명으로 가장 옳지 않은 것은? (다툼이 있는 경우 판례에 의함)

① 성명은 개인의 정체성과 개별성을 나타내는 인격의 상징으로서 개인이 사회 속에서 자신의 생활영역을 형성하고 발현하는 기초가 되는 것이라 할 것이므로 자유로운 성의 사용 역시 헌법상 인격권으로부터 보호된다고 할 수 있다.
② 중혼을 혼인취소의 사유로 정하면서도 그 취소청구권의 제척기간 또는 소멸사유에 관하여 아무런 규정을 두고 있지 않았다 하더라도 입법재량의 범위를 일탈하여 후혼배우자의 인격권을 침해하였다고 볼 수는 없다.
③ 혼인 종료 후 300일 이내에 출생한 자를 전남편의 친생자로 추정하는 민법의 규정은 모가 가정생활과 신분관계에서 누려야 할 인격권을 침해하였다.
④ 피청구인이 집회에 참가한 청구인들을 촬영한 행위는 청구인들의 일반적 인격권을 침해한다.

행복추구권

11. 헌법상 책임주의원칙에 관한 설명으로 옳지 <u>않은</u> 것은? (다툼이 있는 경우 판례에 의함)

① 선박소유자가 고용한 선장이 선박소유자의 업무에 관하여 범죄행위를 하면 그 선박소유자에게도 동일한 벌금형을 과하도록 규정하고 있는 구 「선박안전법」 조항은 선장이 저지른 행위의 결과에 대해 선박소유자의 독자적인 책임에 관하여 전혀 규정하지 않은 채, 단순히 선박소유자가 고용한 선장이 업무에 관하여 범죄행위를 하였다는 이유만으로 선박소유자에 대하여 형사처벌을 과하고 있으므로 책임주의원칙에 위배된다.

② 건설업 등록을 하지 않은 건설공사 하수급인이 근로자에게 임금을 지급하지 못한 경우에, 하수급인의 직상 수급인에 대하여 하수급인과 연대하여 임금을 지급할 의무를 부과하고 직상 수급인이 그 의무를 이행하지 않으면 처벌하도록 한 「근로기준법」 조항은 자기책임원칙에 위배된다고 볼 수 없다.

③ 각 중앙관서의 장이 경쟁의 공정한 집행 또는 계약의 적정한 이행을 해칠 염려가 있는 자 등에 대하여 2년 이내의 범위에서 대통령령이 정하는 바에 따라 입찰참가자격을 제한하도록 한 구 「국가를 당사자로 하는 계약에 관한 법률」 조항은, 부정당업자가 제재처분의 사유가 되는 행위의 책임을 자신에게 돌릴 수 없다는 점 등을 증명하여 제재처분에서 벗어날 수 있게 하므로 자기책임원칙에 위배되지 아니한다.

④ 국민건강보험공단이 사위 기타 부당한 방법으로 보험급여비용을 받은 요양기관에 대하여 급여비용에 상당하는 금액의 전부 또는 일부를 징수할 수 있도록 한 「국민건강보험법」 조항은, 요양기관이 그 피용자를 관리·감독할 주의의무를 다하였다고 하더라도 보험급여비용이 요양기관에 일단 귀속되었고 그 요양기관이 사위 기타 부당한 방법으로 보험급여비용을 지급받은 이상 부당이득반환의무가 있다는 것이므로 책임주의원칙에 위배된다.

12. 자기책임의 원리에 관한 설명으로 가장 옳지 않은 것은? (다툼이 있는 경우 판례에 의함)

① 자기책임의 원리는 민사법이나 형사법에 국한된 원리라기보다는 근대법의 기본이념으로서 법치주의에 당연히 내재하는 원리로 볼 것이고 자기책임의 원리에 반하는 제재는 그 자체로서 헌법에 위반된다.

② 선박소유자가 고용한 선장이 선박소유자의 업무에 관하여 범죄행위를 하면 그 선박소유자에게도 동일한 벌금형을 과하도록 규정한 구「선박안전법」조항은, 다른 사람의 범죄에 대하여 그 책임 유무를 묻지 않고 형벌을 부과하는 것으로서 책임주의원칙에 반한다.

③ 공직선거 후보자의 배우자가「공직선거및선거부정방지법」상 중대 선거범죄를 범함으로 인하여 징역형 또는 300만 원 이상의 벌금형의 선고를 받은 때에 그 후보자의 당선을 무효로 하는 조항은 연좌제에 해당하지 아니한다.

④ 구「공직자윤리법」상 매각 또는 백지신탁의 대상이 되는 주식의 보유한도액을 결정함에 있어 국회의원 본인뿐만 아니라 본인과 일정한 친족관계가 있는 자들의 보유주식 역시 포함하도록 하고 있는 것은 연좌제에 해당하여 헌법에 위반된다.

평등권

13. 헌법재판소 판례에 관한 설명으로 옳지 않은 것은? (다툼이 있는 경우 판례에 의함)

① 친일반민족행위자의 후손이라는 점이 헌법 제11조 제1항 후문의 사회적 신분에 해당한다면 친일반민족행위자의 후손에 대한 차별은 평등권 침해 여부의 심사에서 완화된 기준을 적용해야 한다.

②「국민연금법」이 형제자매를 사망일시금 수급권자로 규정하고 있는 것과는 달리「공무원연금법」이 형제자매를 연금수급권자에서 제외하고 있다 하여도 합리적인 이유에 의한 차별로서「국민연금법」상의 수급권의 범위와 비교하여 헌법상 평등권을 침해하였다고 볼 수 없다.

③ 음주운항 금지규정 위반 전력이 1회 이상 있는 사람이 다시 음주운항을 한 경우 2년 이상 5년 이하의 징역이나 2천만 원 이상 3천만 원 이하의 벌금에 처하도록 규정한「해사안전법」제104조의2 제2항 중 '제41조 제1항을 위반하여 2회 이상 술에 취한 상태에서 선박의 조타기를 조작한 운항자'에 관한 부분은 헌법에 위반된다.

④ 간행물 판매자에게 정가 판매의무를 부과하고, 가격할인의 범위를 가격할인과 경제상의 이익을 합하여 정가의 15퍼센트 이하로 제한하는「출판문화산업 진흥법」제22조 제4항 및 제5항은 청구인의 직업의 자유를 침해한다.

14. 평등권에 관한 설명으로 옳지 않은 것은? (다툼이 있는 경우 판례에 의함)

① 대한민국 국적을 가지고 있는 영유아 중에서도 재외국민인 영유아를 보육료·양육수당 지원대상에서 제외하는 보건복지부지침은 국내에 거주하면서 재외국민인 영유아를 양육하는 부모인 청구인들의 평등권을 침해한다.
② 여자는 고용에 있어서 부당한 차별을 받지 않는다고 헌법이 명시적으로 규정하고 있다.
③ 정부에 비판적 활동을 한 문화예술인이나 단체를 정부의 문화예술 지원사업에서 배제할 목적으로, 문화예술인 지원사업에서 배제하도록 한 일련의 지시행위는 평등권을 침해하지 않는다.
④ 사회적 신분이란 사회에서 장기간 점하는 지위로서 일정한 사회적 평가를 수반하는 것을 의미한다 할 것이므로 전과자도 사회적 신분에 해당된다.

15. 다음 중 판례의 내용으로 옳지 않은 것은? (다툼이 있는 경우 판례에 의함)

① 코로나19 격리자의 가구원이 「정부조직법」에 따른 각급 행정기관의 근로자인 경우 생활지원비 지원 제외 대상으로 규정한 「코로나바이러스감염증-19」 관련 입원·격리자 생활지원비 지원사업 안내 중 '「정부조직법」에 따른 각급 행정기관의 근로자가 가구원인 경우' 부분은 평등권을 침해한다.
② 예비역 복무의무자의 범위에서 일반적으로 여성을 제외하는 구 「병역법」 제3조 제1항 중 '예비역 복무'에 관한 부분 및 지원에 의하여 현역복무를 마친 여성을 일반적인 여성의 경우와 동일하게 예비역 복무의무자의 범위에서 제외하는 「군인사법」 제41조 제4호 및 단서, 제42조는 상근예비역으로 복무 중이던 자의 평등권을 침해하지 아니한다.
③ 확정판결의 기초가 된 민사나 형사의 판결, 그 밖의 재판 또는 행정처분이 다른 재판이나 행정처분에 따라 바뀌어 당사자가 행정소송의 확정판결에 대하여 재심을 제기하는 경우, 재심제기기간을 30일로 정한 「민사소송법」을 준용하는 「행정소송법」 제8조 제2항 중 「민사소송법」 제456조 제1항 가운데 제451조 제1항 제8호에 관한 부분을 준용하는 부분은 행정소송 당사자의 평등권을 침해하지 않는다.
④ 코로나19 격리자의 가구원이 「정부조직법」에 따른 각급 행정기관의 근로자인 경우 생활지원비 지원 제외 대상으로 규정한 「코로나바이러스감염증-19 관련 입원·격리자 생활지원비 지원사업 안내」는 인간다운 생활권과는 관계가 없다.

16. 다음 중 판례의 내용으로 옳지 않은 것은? (다툼이 있는 경우 판례에 의함)

① 양육비 대지급제 등 보다 실효성 있는 「양육비 지급확보에 관한 법률」을 제정하지 아니한 입법부작위의 위헌확인을 구하는 심판청구에 대하여, 입법의무가 헌법해석상 발생하지 않는다.
② 금융감독원의 4급 이상 직원에 대하여 퇴직일로부터 2년간 사기업체 등에의 취업을 제한하는 구 「공직자윤리법」 규정은 청구인들의 직업의 자유 및 평등권을 침해하지 않는다.
③ 특별시장·광역시장·특별자치시장·도지사·특별자치도지사 선거의 예비후보자를 후원회지정권자에서 제외하는 것은 청구인들의 평등권을 침해하여 헌법에 위반된다.
④ 자치구의 지역구의회의원 선거의 예비후보자를 후원회지정권자에서 제외하고 있는 것은 청구인들의 평등권을 침해하여 헌법에 위반된다.

17. 평등권에 관한 설명으로 옳은 것은?

① 헌법은 누구든지 성별·종교 또는 사회적 신분에 의하여 정치적·경제적·사회적·문화적 생활의 모든 영역에 있어서 차별을 받지 아니한다고 규정하고 있다.
② 헌법재판소는 평등권의 침해 여부를 심사할 때, 원칙적으로 완화된 심사의 경우 자의금지원칙에 의한 심사를 하고 엄격심사의 경우 과소보호금지원칙에 의한 심사를 한다.
③ 평등원칙은 일체의 차별적 대우를 부정하는 절대적 평등을 의미하는 것으로, 입법과 법의 적용에 있어서 합리적 이유 없는 차별을 하여서는 아니 된다는 상대적 평등을 의미하는 것은 아니다.
④ 훈장은 이를 받은 자와 그 자손에게 효력이 있으나, 이에 대한 특권은 훈장을 받은 자에게만 인정된다.

18. 평등권에 관한 설명으로 옳은 것은? (다툼이 있는 경우 판례에 의함)

① 근로자의 날을 공무원의 법정유급휴일로 정하지 않은 것은 공무원과 일반근로자를 자의적으로 차별하는 것이 아니다.
② 국민참여재판 배심원의 자격을 만 20세 이상으로 정한 것은 「민법」상 성년연령이 만 19세로 개정된 점이나 선거권 연령이 만 18세로 개정된 점을 고려해 볼 때, 만 19세 및 만 18세의 국민을 합리적인 이유 없이 차별취급하는 것이다.
③ 형벌체계에 있어서 법정형의 균형은 한치의 오차도 없이 반드시 실현되어야 하는 헌법상 절대원칙이므로, 특정한 범죄에 대한 형벌이 그 자체로서의 책임과 형벌의 비례원칙에 위반되지 않더라도 보호법익과 죄질이 유사한 범죄에 대한 형벌과 비교할 때 형벌체계상의 균형을 상실할 우려가 있는 경우에는 평등원칙에 반한다.
④ 초·중등학교 교원에 대하여는 정당 가입을 금지하면서 대학교원에게는 허용하는 것은 평등원칙에 반한다.

19. 다음 중 판례의 내용으로 옳지 않은 것은? (다툼이 있는 경우 판례에 의함)

① 국회의원을 후원회지정권자로 정하면서 「지방자치법」 제2조 제1항 제1호의 '도'의회의원과 같은 항 제2호의 '시'의회의원을 후원회지정권자에서 제외하고 있는 「정치자금법」 제6조 제2호는 지방의회의원인 청구인들의 평등권을 침해하는 것이 아니다.
② 업무상 재해에 통상의 출퇴근 재해를 포함시키는 개정 법률조항을 이 법 시행 후 최초로 발생하는 재해부터 적용하도록 하는 「산업재해보상보험법」 부칙 제2조 중 '제37조의 개정규정'에 관한 부분은 헌법에 위반된다.
③ 공개장소에서 비례대표국회의원후보자의 연설·대담을 허용하지 아니한 「공직선거법」 조항들이 비례대표국회의원후보자인 청구인의 선거운동의 자유 및 정당활동의 자유를 침해하지 아니한다.
④ 공무원이 '직무와 관련 없는 과실로 인한 경우' 및 '소속상관의 정당한 직무상의 명령에 따르다가 과실로 인한 경우'를 제외하고 재직 중의 사유로 금고 이상의 형을 받은 경우, 퇴직급여 등을 감액하도록 규정한 「공무원연금법」 제64조 제1항 제1호는 헌법불합치결정의 기속력에 반하지 않는다.

20. 헌법재판소 판례에 관한 설명으로 가장 옳은 것은? (다툼이 있는 경우 판례에 의함)

① 국민권익위원회 심사보호국 소속 5급 이하 7급 이상의 일반직공무원에 대하여 퇴직일부터 3년간 취업을 제한한 「공직자윤리법」 제17조 제1항 중 '대통령령으로 정하는 공무원'에 관한 부분 및 「공직자윤리법 시행령」 제31조 제1항 제7호 중 '국민권익위원회 심사보호국 소속 5급 이하 7급 이상의 일반직공무원'에 관한 부분은 헌법에 위반된다.
② 체계정당성의 원리는 규범 상호간의 구조와 내용 등이 모순됨이 없이 체계와 균형을 유지하도록 입법자를 기속하는 헌법적 원리라고 볼 수 있다. 따라서 일반적으로 일정한 공권력작용이 체계정당성을 위반하였다면 곧바로 그 자체가 위헌이 된다.
③ 기본권제한입법에 있어서 규율대상이 지극히 다양하거나 수시로 변화하는 성질의 것이어서 입법기술상 일의적으로 규정할 수 없는 경우라도 명확성의 요건이 강화되어야 한다.
④ 현역병 등의 복무기간과는 달리 사관생도의 사관학교 교육기간을 연금 산정의 기초가 되는 복무기간에 산입할 수 있도록 규정하지 아니한 구 「군인연금법」 제16조 제5항 전문은 청구인들의 평등권을 침해하지 않는다.

평등권 ~ 자유권적 기본권

평등권

01. 평등권에 관한 설명으로 옳지 않은 것은? (다툼이 있는 경우 판례에 의함)

① 구 「공직선거법」 제250조 제1항과 「공직선거법」 제64조 제1항 중 "중퇴한 경우에는 그 수학기간을 함께 기재하여야 한다."라는 부분은 평등원칙에 위반되지 않는다.
② 배출시설 허가 또는 신고를 마치지 못한 가축 사육시설에 대하여 적법화 이행기간의 특례를 규정하면서, '개 사육시설'을 적용대상에서 제외하고 있는 「가축분뇨의 관리 및 이용에 관한 법률」 부칙 조항은 개 사육시설 설치자인 청구인들의 평등권을 침해한다.
③ 「국가인권위원회법」상 '평등권 침해의 차별행위'에는 합리적인 이유 없이 성적 지향을 이유로 성희롱을 하는 행위도 포함된다.
④ 대한민국 국민인 남성에 한하여 병역의무를 부과한 구 「병역법」 제3조 제1항은 헌법이 특별히 양성평등을 요구하는 경우나 관련 기본권에 중대한 제한을 초래하는 경우의 차별취급을 그 내용으로 하고 있다고 보기 어렵다는 점에서 평등권 침해 여부에 관하여 합리적 이유의 유무를 심사하는 것에 그치는 자의금지원칙에 따른 심사를 한다.

02. 평등권에 관한 설명으로 가장 옳지 않은 것은? (다툼이 있는 경우 판례에 의함)

① 시혜적 법률의 경우에 수혜 범위에서 제외된 자는 그 법률에 의하여 평등권이 침해되었다고 주장하는 경우 헌법소원의 청구인이 될 수 있다.
② 혼인한 등록의무자 모두 배우자가 아닌 본인의 직계존·비속의 재산을 등록하도록 「공직자윤리법」이 개정되었음에도 불구하고, 개정 전의 「공직자윤리법」 조항에 따라 이미 배우자의 직계존·비속의 재산을 등록한 혼인한 여성 등록의무자의 경우에만 종전과 동일하게 계속해서 배우자의 직계존·비속의 재산을 등록하도록 규정한 「공직자윤리법」 부칙 제2조는 평등원칙에 위배되지 않는다.
③ 가족 중 순직자가 있는 경우의 병역감경 대상에서 재해사망군인의 가족을 제외하고 있는 「병역법 시행령」 제130조 제4항 후단 중 순직자 부분은 청구인의 평등권을 침해하지 않는다.
④ 차별조항의 위헌성이 그 차별의 효과가 지나치다는 것에 기인할 때에는, 그 위헌성의 제거는 입법부가 행하여야 할 것이므로 헌법재판소는 그 조항에 대하여 헌법불합치결정을 하여야 한다.

03. 평등권(평등원칙)에 관한 설명으로 가장 옳지 않은 것은? (다툼이 있는 경우 판례에 의함)

① 헌법상 평등원칙의 규범적 의미는 '법 적용의 평등'만이 아니라, 입법자가 입법을 통해서 권리와 의무를 분배함에 있어서 적용할 가치평가의 기준을 정당화할 것을 요구하는 '법 제정의 평등'을 포함하는 것이다.
② 헌법재판소는 헌법이 특별히 평등을 요구하고 있는 경우와 차별적 취급으로 인하여 관련 기본권에 대한 중대한 제한을 초래하게 되는 경우에는 엄격한 심사척도인 비례성원칙에 따른 심사를 한다.
③ 평등원칙 위반 여부를 심사함에 있어서 자의금지원칙에 따른 심사의 경우에는 차별취급이 존재하는 경우 이를 자의적인 것으로 볼 수 있는지 여부를 심사하는데, 차별취급의 자의성은 합리적인 이유가 결여된 것을 의미하므로 차별대우를 정당화하는 객관적이고 합리적인 이유가 존재한다면 차별대우는 자의적인 것이 아니게 된다.
④ 외국 거주 외국인 유족의 퇴직공제금 수급 자격을 인정하지 아니하는 구「건설근로자의 고용개선 등에 관한 법률」제14조 제2항 중 구「산업재해보상보험법」제63조 제1항 가운데 "그 근로자가 사망할 당시 대한민국 국민이 아닌 자로서 외국에서 거주하고 있던 유족은 제외한다."를 준용하는 부분은 평등권을 침해하지 않는다.

04. 평등원칙에 관한 설명으로 가장 옳지 않은 것은? (다툼이 있는 경우 판례에 의함)

① 공무원이 지위를 이용하여 범한 공직선거법위반죄에 대하여 일반인이 범한 공직선거법위반죄와 달리 해당 선거일 후 10년으로 공소시효를 정한 「공직선거법」 규정은 합리적인 이유 있는 차별로서 평등원칙에 위반되지 않는다.
② 반복적으로 범행을 저지르는 절도 사범에 관한 가중처벌규정인 「특정범죄 가중처벌 등에 관한 법률」(2016.1.6. 법률 제13717호로 개정된 것) 제5조의4 제5항 제1호는 불법성의 정도가 같다고 보기 어려운 형법상 절도죄, 야간주거침입절도죄, 특수절도죄를 동등하게 취급하는 것으로 평등원칙에 위반된다.
③ 선거와 무관하게 후원회를 설치 및 운영할 수 있는 자를 중앙당과 국회의원으로 한정하여 국회의원과 지방의회의원을 달리 취급하는 것은, 불합리한 차별에 해당한다.
④ 동일한 밀수입 예비행위에 대하여 수입하려던 물품의 원가가 2억 원 미만인 때에는 「관세법」이 적용되어 본죄의 2분의 1을 감경한 범위에서 처벌하는 반면, 물품원가가 2억 원 이상인 경우에는 「특정범죄 가중처벌 등에 관한 법률」이 적용되어 가중처벌하는 것은 합리적 이유가 있다고 보기 어렵다.

05. 헌법재판소 판례에 관한 설명으로 옳지 않은 것은? (다툼이 있는 경우 판례에 의함)

① 공중보건의사로 복무한 사람이 사립학교 교직원으로 임용된 경우, 공중보건의사로 복무한 기간을 사립학교 교직원 재직기간에 산입하도록 규정하지 아니한 「사립학교교직원 연금법」 제31조 제2항은 평등원칙에 위반된다.
② 의료인으로 하여금 둘 이상의 의료기관 운영을 금지한 「의료법」 제33조 제8항 본문 중 '운영' 부분 및 이를 위반한 자를 처벌하는 구 「의료법」 제87조 제1항 제2호 중 제33조 제8항 본문 가운데 '운영' 부분은 헌법에 위반된다.
③ 토지는 국민경제의 관점에서나 그 사회적 기능에 있어서 다른 재산권과 같게 다루어야 할 성질의 것이 아니어서 다른 재산권에 비하여 보다 강하게 공동체의 이익을 관철할 것이 요구된다.
④ 헌법상 보장하고 있는 재산권은 경제적 가치가 있는 모든 공법상·사법상의 권리를 뜻한다.

06. 헌법재판소 판례에 관한 설명으로 가장 옳은 것은? (다툼이 있는 경우 판례에 의함)

① 못된 장난 등으로 다른 사람, 단체 또는 공무수행 중인 자의 업무를 방해한 사람을 20만 원 이하의 벌금, 구류 또는 과료의 형으로 처벌하는 「경범죄 처벌법」 제3조 제2항 제3호는 헌법에 위반된다.
② 체계정당성의 원리는 규범 상호 간의 구조와 내용 등이 모순됨이 없이 체계와 균형을 유지하도록 입법자를 기속하는 헌법적 원리라고 볼 수 있다. 따라서 일반적으로 일정한 공권력작용이 체계정당성을 위반하였다면 곧바로 그 자체가 위헌이 된다.
③ 장교는 군무와 관련된 고충사항을 집단으로 진정 또는 서명하는 행위를 하여서는 아니 된다고 규정한 「군인의 지위 및 복무에 관한 기본법」 제31조 제1항 제5호 중 '장교'에 관한 부분은 과잉금지원칙에 위반된다.
④ 현역병 등의 복무기간과는 달리 사관생도의 사관학교 교육기간을 연금 산정의 기초가 되는 복무기간에 산입할 수 있도록 규정하지 아니한 구 「군인연금법」 제16조 제5항 전문은 청구인들의 평등권을 침해하지 않는다.

07. 다음 중 판례의 내용으로 옳지 않은 것은? (다툼이 있는 경우 판례에 의함)

① 구분소유자들의 개인정보를 수집, 보유하고 있는 빌딩관리단의 대표자인 청구인이 그 개인정보를 고소장 작성에 이용한 경우, 빌딩관리단은 법인격이 있으므로 청구인을 양벌규정으로 처벌하는 것이 가능하다.
② 지방의회의원으로서 받게 되는 보수가 연금에 미치지 못하는 경우에도 연금 전액의 지급을 정지하는 것이 재산권을 과도하게 제한하여 헌법에 위반된다.
③ 변호사의 자격이 있는 자에게 더 이상 세무사 자격을 자동으로 부여하지 않는 구 「세무사법」 제3조는 헌법에 위반되지 않는다.
④ 반의사불벌죄에서 처벌을 원하지 않는다는 피해자의 의사가 명백하고 믿을 수 있는 방법으로 표현된 이상 피해자가 다시 처벌을 희망하더라도 이미 이루어진 처벌불원의 의사표시의 효력에는 아무런 영향이 없음에도 불구하고, 피청구인이 청구인에게 공소권없음처분을 하지 않고 폭행 피의사실이 인정됨을 전제로 한 기소유예처분을 한 것은 자의적인 검찰권 행사이다.

08. 헌법상 평등원칙에 관한 설명으로 가장 옳지 않은 것은? (다툼이 있는 경우 판례에 의함)

① 헌법에서 특별히 평등을 요구하고 있는 경우나 차별적 취급으로 인하여 관련 기본권에 대한 중대한 제한을 초래하게 되는 경우에는 입법형성권은 축소되고, 보다 엄격한 심사척도가 적용되어야 할 것이다.
② 사회적 특수계급의 제도는 인정되지 아니하며, 어떠한 형태로도 이를 창설할 수 없다.
③ 훈장 등의 영전은 이를 받은 자에게만 효력이 있고, 어떠한 특권도 이에 따르지 아니한다.
④ 입법자가 전문자격제도의 내용인 결격사유를 정함에 있어 변호사의 경우 변리사나 공인중개사보다 더 가중된 요건을 규정한 것은 평등권을 침해한 것이다.

인신의 자유권

09. 신체의 자유에 관한 설명으로 옳지 않은 것만을 모두 고른 것은? (다툼이 있는 경우 판례에 의함)

> ㄱ. 외국에서 형의 전부 또는 일부의 집행을 받은 자에 대하여 형을 감경 또는 면제할 수 있도록 규정한 법률조항은 입법자의 입법형성권의 범위 내에 속하므로 신체의 자유를 침해하지 않는다.
>
> ㄴ. 보안처분은 형벌과는 달리 행위자의 장래 재범위험성에 근거하는 것으로서 행위 시가 아닌 재판 시의 재범위험성 여부에 대한 판단에 따라 보안처분의 선고 여부가 결정되므로, 어떤 보안처분이 형벌적 성격이 강하여 신체의 자유 박탈에 준하는 정도로 신체의 자유를 제한한다 하더라도 형벌불소급원칙이 적용되지 않는다.
>
> ㄷ. 「인신보호법」상 구제청구를 할 수 있는 피수용자의 범위에서 「출입국관리법」에 따라 보호된 외국인을 제외하는 것은 「인신보호법」에 따른 보호의 적부를 다툴 기회를 배제하고 있어 신체의 자유를 침해한다.
>
> ㄹ. 해외 파생상품 거래에 대한 양도소득의 범위를 정하고 있는 구 「소득세법」 제118조의2 제4호 중 '대통령령으로 정하는 파생상품 등의 거래 또는 행위로 발생하는 소득' 부분 및 해외 파생상품의 범위에 대하여 정하고 있는 「자본시장과 금융투자업에 관한 법률」 제5조 제2항 제2호 중 '파생상품시장과 유사한 시장으로서 해외에 있는 시장' 부분은 헌법에 위반되지 않는다.
>
> ㅁ. 변호인과의 접견교통권은 헌법 규정에 비추어 체포 또는 구속당한 피의자·피고인 자신에게만 한정되는 신체의 자유에 관한 기본권이지, 그 규정으로부터 변호인의 구속피의자·피고인에 대한 접견교통권까지 파생된다고 할 수는 없다.

① ㄴ, ㅁ   ② ㄷ, ㄹ, ㅁ   ③ ㄱ, ㄴ, ㄷ, ㄹ   ④ ㄱ, ㄴ, ㄷ, ㅁ

10. 신체의 자유 및 적법절차에 관한 설명으로 옳지 않은 것은? (다툼이 있는 경우 판례에 의함)

① 형벌법규는 문언에 따라 엄격하게 해석·적용하여야 하고 피고인에게 불리한 방향으로 지나치게 확장해석하거나 유추해석해서는 안되지만, 형벌법규의 해석에서도 법률문언의 통상적인 의미를 벗어나지 않는 한 그 법률의 입법취지와 목적, 입법연혁 등을 고려한 목적론적 해석이 배제되는 것은 아니다.
② 송달받을 자가 전산정보처리시스템에 등재된 전자문서를 확인하지 않더라도 그 등재 사실을 통지한 날부터 1주가 지나면 송달된 것으로 보는 「민사소송 등에서의 전자문서 이용 등에 관한 법률」 제11조 제4항 단서는 헌법에 위반되지 아니한다.
③ 교도소장이 수용자의 변호인이 수용자에게 보낸 서신을 개봉한 후 교부한 행위에 대해, 서신개봉행위는 변호인의 조력을 받을 권리를 침해한다.
④ 변호인의 조력을 받을 권리란 변호인과 신체구속을 당한 사람 사이의 충분한 접견교통을 허용함은 물론 교통내용에 대하여 비밀이 보장되고 부당한 간섭이 없어야 하는 것이며, 이러한 취지는 변호인과 미결수용자 사이의 서신에도 적용된다.

11. 다음 설명 중 가장 옳지 않은 것은? (다툼이 있는 경우 판례에 의함)

① 「특정범죄 가중처벌 등에 관한 법률」 제5조 중 「회계관계직원 등의 책임에 관한 법률」 제2조 제1호 카목에 규정된 사람이 국고에 손실을 입힐 것을 알면서 그 직무에 관하여 「형법」 제355조 제1항의 죄를 범한 경우'에 관한 부분, 「회계관계직원 등의 책임에 관한 법률」 제2조 제1호 카목, 「형법」 제355조 제1항 중 횡령에 관한 부분은 헌법에 위반된다.
② 피고인 스스로 치료감호를 청구할 수 있는 권리나, 법원으로부터 직권으로 치료감호를 선고받을 수 있는 권리는 헌법상 재판청구권의 보호범위에 포함되지 않는다.
③ 헌법 제12조 제3항은 "체포·구속·압수 또는 수색을 할 때에는 적법한 절차에 따라 검사의 신청에 의하여 법관이 발부한 영장을 제시하여야 한다."라고 규정하고, 헌법 제16조는 "주거에 대한 압수나 수색을 할 때에는 검사의 신청에 의하여 법관이 발부한 영장을 제시하여야 한다."라고 규정함으로써 영장주의를 헌법적 차원에서 보장하고 있다. 우리 헌법이 채택하여 온 영장주의는 형사절차와 관련하여 체포·구속·압수·수색의 강제처분을 함에 있어서는 사법권 독립에 의하여 신분이 보장되는 법관이 발부한 영장에 의하지 않으면 아니 된다는 원칙이다.
④ 헌법재판소는 법무부장관의 일방적 명령에 의하여 변호사 업무를 정지시키는 것은 당해 변호사가 자기에게 유리한 사실을 진술하거나 필요한 증거를 제출할 수 있는 청문의 기회가 보장되지 아니하여 적법절차를 존중하지 아니한 것이 된다고 보았다.

12. 신체의 자유에 관한 설명으로 옳은 것은? (다툼이 있는 경우 판례에 의함)

① 1억 원 이상의 벌금형을 선고하는 경우 노역장유치기간의 하한을 정한 「형법」 제70조 제2항은 과잉금지원칙에 반하여 청구인들의 신체의 자유를 침해하지 않지만, 노역장유치조항을 시행일 이후 최초로 공소제기되는 경우부터 적용하도록 한 「형법」 부칙 제2조 제1항은 형벌불소급원칙에 위반된다.
② 죄형법정주의가 적용되는 대상으로는 형벌뿐 아니라 과태료 등의 행정질서벌까지 포함된다.
③ 영업으로 유사성교행위를 알선하는 행위를 처벌하는 「성매매알선 등 행위의 처벌에 관한 법률」 제19조 제2항 제1호 중 제2조 제1항 제1호 나목의 성매매를 알선하는 행위에 관한 부분은 명확성원칙에 위반된다.
④ 보호의무자 2인의 동의와 정신건강의학과 전문의 1인의 진단으로 정신질환자에 대한 보호입원이 가능하도록 한 「정신보건법」 조항은 보호입원이 정신질환자 본인에 대한 치료와 사회의 안전 도모라는 측면에서 긍정적인 효과가 있으므로 정신질환자의 신체의 자유를 침해하지 아니한다.

13. 신체의 자유에 관한 설명으로 옳지 않은 것은? (다툼이 있는 경우 판례에 의함)

① 과태료는 행정상의 질서유지를 위한 행정질서벌에 해당할 뿐 형벌이라고 할 수 없어 죄형법정주의의 규율대상에 해당하지 아니한다.
② 적법절차원칙은 형사소송절차에 국한되지 않고 모든 국가작용 전반에 적용되는 것이므로 국민에게 부담을 주는 행정작용인 과징금부과절차에서도 준수되어야 한다.
③ 공무원이 직권을 남용하여 사람으로 하여금 의무 없는 일을 하게 하는 경우 형사처벌하도록 하는 「형법」 제123조 중 '직권을 남용하여 사람으로 하여금 의무 없는 일을 하게 하거나'에 관한 부분은 헌법에 위반되지 않지만, 구 「국가정보원법」 제11조 제1항 중 '직권을 남용하여' 부분 및 "다른 기관·단체 또는 사람으로 하여금 의무 없는 일을 하게 하여서는 아니 된다." 부분은 헌법에 위반된다.
④ 판결선고 전 구금일수 중 일부만을 본형에 산입할 수 있도록 한 것은 무죄추정원칙 및 적법절차원칙에 반한다.

14. 신체의 자유에 관한 설명으로 옳지 않은 것은? (다툼이 있는 경우 판례에 의함)

① 군사기지·군사시설에서 군인 상호간의 폭행죄에 반의사불벌에 관한 「형법」 조항의 적용을 배제하고 있는 「군형법」 제60조의6 제1호, 제2호 중 군인이 군사기지·군사시설에서 군인을 폭행한 경우 「형법」 제260조 제3항을 적용하지 아니하도록 한 부분은 형벌체계상 균형을 상실하여 평등원칙에 위반되지 않는다.
② 적법절차원칙은 형사소송절차에 국한되지 않고 모든 국가작용 전반에 적용되는 것이므로 국민에게 부담을 주는 행정작용인 과징금부과절차에서도 준수되어야 한다.
③ 소년원 수용기간을 항고심 결정에 의한 보호기간에 산입하는 규정을 두지 아니한 「소년법」 제33조는 청구인의 신체의 자유 등 기본권을 침해한다.
④ 판결선고 전 구금일수 중 일부만을 본형에 산입할 수 있도록 한 것은 무죄추정원칙 및 적법절차원칙에 반한다.

15. 신체의 자유에 관한 설명으로 옳은 것만을 모두 고른 것은? (다툼이 있는 경우 판례에 의함)

ㄱ. 수형자가 민사재판에 출정하여 법정 대기실 내 쇠창살 격리시설 안에 유치되어 있는 동안 교도소장이 출정계호교도관을 통해 수형자에게 양손수갑 1개를 앞으로 사용한 행위는 신체의 자유를 침해한 것이다.
ㄴ. 「민사집행법」상 재산명시의무를 위반한 채무자에 대하여 법원의 결정으로 20일 이내의 감치에 처하도록 규정한 것은 신체의 자유를 침해하지 않는다.
ㄷ. 지방의회에서의 사무감사·조사를 위한 증인의 동행명령장제도는 증인의 신체의 자유를 억압하여 일정 장소로 인치하는 것으로서 헌법 제12조 제3항의 체포 또는 구속에 준하는 사안이므로 동행명령장을 집행하기 위해서는 법관이 발부한 영장제시가 필요하다.
ㄹ. 약식명령에 대한 정식재판청구권 회복 청구 시 필요적 집행정지가 아닌 임의적 집행정지로 규정한 「형사소송법」 조항은 약식명령에 의한 벌금형을 납부하지 않아 노역장에 유치된 자의 신체의 자유를 침해한 것이다.

① ㄱ, ㄴ   ② ㄴ, ㄷ   ③ ㄴ, ㄹ   ④ ㄷ, ㄹ

16. 이중처벌금지에 관한 설명으로 옳은 것(○)과 옳지 않은 것(×)을 바르게 조합한 것은? (다툼이 있는 경우 판례에 의함)

> ㄱ. 확정된 구제명령을 따르지 않은 사용자에게 형벌을 부과하고 있음에도, 구제명령을 받은 후 이행기한까지 구제명령을 이행하지 아니한 사용자에게 별도의 이행강제금을 부과하는 것은 이중처벌금지원칙에 위반되지 아니한다.
> ㄴ. 추징은 몰수에 갈음하여 그 가액의 납부를 명령하는 사법처분이나 부가형의 성질을 갖는 일종의 형벌이고, 출국금지 처분 역시 거주·이전의 자유를 제한하는 형벌적 성격을 갖기 때문에, 일정 금액 이상의 추징금을 미납한 자에게 내리는 출국금지처분은 이중처벌금지원칙에 위반된다.
> ㄷ. 보호관찰이나 사회봉사 또는 수강을 조건으로 집행유예를 선고받은 자의 집행유예가 취소되는 경우 사회봉사 등 의무를 이행하였는지 여부와 관계 없이 유예되었던 본형 전부를 집행하는 것은 이중처벌금지원칙에 위반되지 아니한다.
> ㄹ. 이미 3회 이상의 음주운전으로 운전면허취소처분을 받은 사람이 신규면허를 취득한 후에 음주운전으로 1회만 적발되더라도 이미 처벌받은 3회의 음주운전 전력에 근거해 운전면허를 재차 취소하도록 하는 것은 이중처벌금지원칙에 위반된다.

	ㄱ	ㄴ	ㄷ	ㄹ
①	×	○	○	×
②	○	×	○	×
③	○	×	×	○
④	○	○	○	○

17. 신체의 자유에 관한 설명으로 옳지 않은 것은? (다툼이 있는 경우 판례에 의함)

① 음주운전 금지규정을 2회 이상 위반한 사람을 2년 이상 5년 이하의 징역이나 1천만 원 이상 2천만 원 이하의 벌금에 처하도록 한 구 「도로교통법」 조항은 교통사고 예방이라는 공익을 위하여 책임과 형벌 간의 비례원칙에 위반된다.
② 헌법 제12조 제4항 본문에 규정된 '구속'은 사법절차에서 이루어진 구속뿐 아니라 행정절차에서 이루어진 구속까지 포함하는 개념이므로 헌법 제12조 제4항 본문에 규정된 변호인의 조력을 받을 권리는 행정절차에서 구속을 당한 사람에게도 즉시 보장된다.
③ 조합 임원의 선출과 관련하여 후보자가 금품을 제공받는 행위를 금지하고 이에 위반한 경우 처벌하는 구 「도시 및 주거환경정비법」 제21조 제4항 제2호 중 '조합 임원의 선출과 관련하여 후보자가 금품을 제공받는 행위' 부분, 제84조의2 제3호 중 '제21조 제4항 제2호를 위반하여 조합 임원의 선출과 관련하여 금품을 제공받은 후보자' 부분에 대하여 헌법에 위반된다.
④ 체포 또는 구속된 자와 변호인 등 간의 접견이 실제로 이루어지는 경우에 있어서의 '자유로운 접견'은 어떠한 명분으로도 제한될 수 없는 성질의 것은 아니므로 변호인 등과의 접견 자체에 대하여 아무런 제한도 가할 수 없다는 것을 의미하는 것은 아니다.

18. 명확성원칙에 관한 설명으로 가장 옳지 <u>않은</u> 것은? (다툼이 있는 경우 판례에 의함)

① 게임물 관련사업자에 대하여 '경품 등의 제공을 통한 사행성 조장'을 원칙적으로 금지시키고 있는 「게임산업진흥에 관한 법률」 조항에서, '경품' 및 '조장'과는 달리 '사행성'은 명확성원칙에 위반되지 않는다.
② 「개발제한구역의 지정 및 관리에 관한 특별조치법」 위반으로 인해 시정명령을 받고도 이를 이행하지 아니한 위반행위자 등에 대해, 이를 상당한 기간까지 이행하지 않으면 이행강제금을 부과·징수한다는 뜻을 토지소유자에게 미리 문서로 계고하도록 하는 규정에서 '상당한 기간' 부분은 명확성원칙에 위반되지 않는다.
③ 자동차의 운전자는 고속도로 등에서 자동차의 고장 등 '부득이한 사정'이 있는 경우를 제외하고는 갓길 통행을 금지하고 있는 「도로교통법」 조항은 죄형법정주의의 명확성원칙에 위반되지 않는다.
④ 종교단체 내에서의 직무상 행위를 이용한 선거운동을 금지하는 「공직선거법」 제85조 제3항 중 "누구든지 종교적인 기관·단체 등의 조직 내에서의 직무상 행위를 이용하여 그 구성원에 대하여 선거운동을 하거나 하게 할 수 없다." 부분은 죄형법정주의의 명확성원칙에 위반된다.

19. 명확성원칙에 관한 설명으로 옳지 <u>않은</u> 것은? (다툼이 있는 경우 판례에 의함)

① 「군형법」 제92조의6 중 '그 밖의 추행'에 관한 부분은 명확성원칙에 위반되지 않는다.
② 선거운동기간 중 당해 홈페이지 게시판 등에 정당·후보자에 대한 지지·반대 등의 정보를 게시하는 경우 실명을 확인받는 기술적 조치를 하도록 정한 「공직선거법」 조항 중 '인터넷언론사'는 「공직선거법」 및 관련 법령이 구체적으로 '인터넷언론사'의 범위를 정하고 있고, 중앙선거관리위원회가 설치·운영하는 인터넷선거보도심의위원회가 심의대상인 인터넷언론사를 결정하여 공개하는 점 등을 종합하면 명확성원칙에 위반되지 않는다.
③ 누구든지 선박의 감항성의 결함을 발견한 때에는 그 내용을 해양수산부장관에게 신고하여야 한다고 규정한 구 「선박안전법」 제74조 제1항 중 '선박의 감항성의 결함'에 관한 부분과, 선박소유자, 선장 또는 선박직원이 위와 같은 신고의무를 위반한 경우 처벌하도록 하는 같은 법 제84조 제1항 제11호 중 제74조 제1항의 '선박의 감항성의 결함'에 관한 부분은 헌법에 위반된다.
④ 「국가공무원법」 조항 중 초·중등교원인 교육공무원의 가입 등이 금지되는 '그 밖의 정치단체'에 관한 부분은 명확성원칙에 위반된다.

20. 명확성원칙에 관한 설명으로 가장 옳지 않은 것은? (다툼이 있는 경우 판례에 의함)

① 취소소송 등의 제기 시 '회복하기 어려운 손해'를 집행정지의 요건으로 규정한 「행정소송법」 조항은 명확성원칙에 위배되지 않는다.

② 어린이집이 시·도지사가 정한 수납한도액을 초과하여 보호자로부터 필요경비를 수납한 것에 대해 해당 시·도지사가 「영유아보육법」에 근거하여 발할 수 있도록 한 '시정 또는 변경' 명령은 명확성원칙에 위배되지 않는다.

③ 전문과목을 표시한 치과의원은 그 표시한 '전문과목'에 해당하는 환자만을 진료하여야 한다고 규정한 「의료법」 조항은 명확성원칙에 위배되지 않는다.

④ 차액가맹금을 정의하면서 '적정한 도매가격'이라는 불확정개념을 사용하는 것은 명확성원칙에 위배된다.

자유권적 기본권

인신의 자유권

01. 영장주의에 관한 설명으로 옳은 것(○)과 옳지 않은 것(×)을 바르게 조합한 것은? (다툼이 있는 경우 판례에 의함)

> ㄱ. 법원이 직권으로 발부하는 영장은 허가장으로서의 성질을 갖지만, 수사기관의 청구에 의하여 발부하는 구속영장은 명령장으로서의 성질을 갖는다.
> ㄴ. 관계행정청이 등급분류를 받지 아니하거나 등급분류를 받은 게임물과 다른 내용의 게임물을 발견한 경우 관계공무원으로 하여금 이를 수거·폐기하게 할 수 있도록 한 법률 조항은 급박한 상황에 대처하기 위한 것으로서 그 불가피성과 정당성이 충분히 인정되는 경우이므로, 영장 없는 수거를 인정하더라도 영장주의에 위배되는 것으로 볼 수 없다.
> ㄷ. 형사재판이 계속 중인 국민의 출국을 금지하는 법무부장관의 출국금지결정은 영장주의가 적용되는 신체에 대하여 직접적으로 물리적 강제력을 수반하는 강제처분에 해당한다.
> ㄹ. 교도소장이 마약류사범인 수형자에게 마약류반응검사를 위하여 소변을 받아 제출하게 한 행위는 신체에 대한 강제처분에 해당하므로 영장주의에 위배된다.

	ㄱ	ㄴ	ㄷ	ㄹ
①	×	○	×	×
②	×	○	×	○
③	×	×	○	×
④	○	×	×	×

02. 적법절차원칙에 관한 설명으로 가장 옳지 않은 것은? (다툼이 있는 경우 판례에 의함)

① 적법절차원칙은 형사절차상의 제한된 범위 내에서만 적용되는 것이 아니라, 국가작용으로서 기본권 제한과 관련되든 아니든 모든 입법작용 및 행정작용에도 광범위하게 적용된다.
② 적법절차원칙이란, 국가공권력이 국민에 대하여 불이익한 결정을 하기에 앞서 국민은 자신의 견해를 진술할 기회를 가짐으로써 절차의 진행과 그 결과에 영향을 미칠 수 있어야 한다는 법원리를 말하는 것이므로, 국가기관이 국민과의 관계에서 공권력을 행사함에 있어서 준수해야 할 법원칙으로서 형성된 적법절차원칙을 국가기관에 대하여 헌법을 수호하고자 하는 탄핵소추절차에는 직접 적용할 수 없다.
③ 적법절차원칙에서 도출할 수 있는 중요한 절차적 요청으로는 당사자에게 적절한 고지를 행할 것, 당사자에게 의견 및 자료 제출의 기회를 부여할 것 등을 들 수 있다.
④ 강제퇴거명령을 받은 사람을 보호할 수 있도록 하면서 보호기간의 상한을 마련하지 아니한 「출입국관리법」 제63조 제1항은 적법절차원칙에 위배되지 않는다.

03. 영장주의 및 적법절차원칙에 관한 설명으로 옳지 않은 것은? (다툼이 있는 경우 판례에 의함)

① 헌법 제12조 제3항이 영장의 발부에 관하여 '검사의 신청'에 의할 것을 규정한 취지는 모든 영장의 발부에 검사의 신청이 필요하다는 데에 있는 것이 아니라 수사단계에서 영장의 발부를 신청할 수 있는 자를 검사로 한정함으로써 검사 아닌 다른 수사기관의 영장신청에서 오는 인권유린의 폐해를 방지하고자 함에 있다.
② 전투경찰순경에 대한 징계처분을 규정하고 있는 구 「전투경찰대 설치법」의 조항 중 '전투경찰순경에 대한 영창' 부분은 그 사유의 제한, 징계대상자의 출석권과 진술권의 보장 및 법률에 의한 별도의 불복절차가 마련되어 있으므로 헌법 제12조 제1항의 적법절차원칙에 위배되지 않는다.
③ 피의자를 긴급체포하여 조사한 결과 구금을 계속할 필요가 없다고 판단하여 48시간 이내에 석방하는 경우까지도 수사기관이 반드시 체포영장발부절차를 밟게 하는 것은 인권침해적 상황을 예방하는 적절한 방법이다.
④ 헌법 제12조 제3항의 영장주의는 법관이 발부한 영장에 의하지 아니하고는 수사에 필요한 강제처분을 하지 못한다는 원칙으로, 교도소장이 마약류 관련 수형자에게 소변을 받아 제출하도록 한 것은 교도소의 안전과 질서유지를 위한 것으로 수사에 필요한 처분이 아닐 뿐만 아니라 검사대상자들의 협력이 필수적이어서 강제처분이라고 할 수도 없어 영장주의원칙이 적용되지 않는다.

04. 적법절차원칙 및 영장주의에 관한 설명으로 옳지 않은 것은? (다툼이 있는 경우 판례에 의함)

① 형사절차가 아니라 하더라도 실질적으로 수사기관에 의한 인신구속과 동일한 효과를 발생시키는 인신구금은 영장주의의 본질상 그 적용대상이 되어야 한다.
② 긴급체포한 피의자를 구속하고자 할 때에는 48시간 이내에 구속영장을 청구하되, 그렇지 않은 경우 사후 영장청구 없이 피의자를 즉시 석방하도록 한 「형사소송법」 조항은 헌법상 영장주의에 위반되지 않는다.
③ 수사기관 등이 전기통신사업자에게 이용자의 성명 등 통신자료의 열람이나 제출을 요청할 수 있도록 한 「전기통신사업법」 해당 조항은 통신자료취득에 대한 사후통지절차를 두지 않아 적법절차원칙에 위배된다.
④ 소변을 받아 제출하도록 한 것은 교도소의 안전과 질서유지를 위한 것으로 수사에 필요한 처분이므로 영장주의원칙이 적용된다.

05. 무죄추정원칙에 관한 설명으로 가장 옳지 않은 것은? (다툼이 있는 경우 판례에 의함)

① 무죄추정원칙상 금지되는 '불이익'이란 '범죄사실의 인정 또는 유죄를 전제로 그에 대하여 법률적·사실적 측면에서 유형·무형의 차별 취급을 가하는 유죄인정의 효과로서의 불이익'을 말한다.
② 지방자치단체의 장이 공소 제기된 후 구금상태에 있음을 이유로 부단체장이 그 권한을 대행하도록 한 「지방자치법」 조항은 무죄추정원칙에 위배되지 않는다.
③ 「독점규제 및 공정거래에 관한 법률」상 사업자단체의 법위반행위가 있을 때 공정거래위원회가 당해 사업자단체에 대하여 법위반사실의 공표를 명할 수 있도록 규정한 것은 무죄추정원칙에 위배된다.
④ 구 「아동·청소년의 성보호에 관한 법률」상 성폭력범죄 피해아동의 진술이 수록된 영상녹화물에 대하여 피해아동의 법정진술 없이도 조사과정에 동석하였던 신뢰관계에 있는 자의 진술에 의하여 그 성립의 진정함이 인정된 때 그 증거능력을 인정하는 조항은 무죄추정원칙에 위배된다.

06. 변호인의 조력을 받을 권리에 관한 설명으로 옳지 않은 것은? (다툼이 있는 경우 판례에 의함)

① '변호인이 되려는 자'의 접견교통권은 헌법상 기본권으로서 보장되지 않는다.
② 접촉차단시설이 설치되지 않은 장소에서의 수용자 접견 대상을 소송사건의 대리인인 변호사로 한정한 구「형의 집행 및 수용자의 처우에 관한 법률 시행령」조항은, 그로 인해 접견의 상대방인 수용자의 재판청구권이 제한되는 효과도 함께 고려하면 수용자의 대리인이 되려는 변호사의 직업수행의 자유와 수용자의 변호인의 조력을 받을 권리를 침해하지 않는다.
③ 수사서류에 대한 법원의 열람·등사 허용 결정이 있음에도 검사가 열람·등사를 거부하는 경우 수사서류 각각에 대하여 검사가 열람·등사를 거부할 정당한 사유가 있는지를 심사할 필요 없이 그 거부행위 자체로써 청구인의 변호인의 조력을 받을 권리를 침해하는 것이 되고, 이는 법원의 수사서류에 대한 열람·등사 허용 결정이 있음에도 검사가 해당 서류에 대한 열람만을 허용하고 등사를 거부하는 경우에도 마찬가지이다.
④ 교도소장이 금지물품 동봉 여부를 확인하기 위하여 미결수용자와 같은 지위에 있는 수형자의 변호인이 해당 수형자에게 보낸 서신을 개봉한 후 교부한 행위는 교정사고를 미연에 방지하고 교정시설의 안전과 질서유지를 위한 것으로, 금지물품이 들어 있는지를 확인하기 위하여 서신을 개봉하는 것만으로는 미결수용자와 같은 지위에 있는 수형자의 변호인의 조력을 받을 권리를 침해하지 않는다.

07. 변호인의 조력을 받을 권리에 관한 설명으로 가장 옳은 것은? (다툼이 있는 경우 판례에 의함)

① 재심청구에서는 변호인의 조력을 받을 권리가 인정되지 않는다.
② 일반적으로 형사사건에 있어 변호인의 조력을 받을 권리는 피고인에게만 인정된다.
③ 형사절차가 종료되어 교정시설에 수용 중인 수형자도 원칙적으로 변호인의 조력을 받을 권리의 주체가 될 수 있다.
④ 변호인의 조력을 받을 권리는 국가안전보장·질서유지 또는 공공복리를 위하여 필요한 경우에도 법률로써 제한할 수 없다.

사생활의 자유권

08. 헌법재판소가 사생활의 비밀과 자유 또는 개인정보자기결정권을 침해한다고 결정한 것은 모두 몇 개인가?

> ㄱ. 특정인의 사생활 등을 조사하는 일을 업으로 하는 행위와 탐정 유사 명칭의 사용을 금지하는 규정
> ㄴ. 수사기관이 수사의 필요성 있는 경우 전기통신사업자에게 위치정보 추적자료를 제공요청할 수 있도록 한 「통신비밀보호법」 제13조 제1항 중 "검사 또는 사법경찰관은 수사를 위하여 필요한 경우 「전기통신사업법」에 의한 전기통신사업자에게 제2조 제11호 바목, 사목의 통신사실 확인자료의 열람이나 제출을 요청할 수 있다." 부분, 수사 종료 후 위치정보 추적자료를 제공받은 사실 등을 통지하도록 한 「통신비밀보호법」 제13조의3 제1항 중 제2조 제11호 바목, 사목의 통신사실 확인자료에 관한 부분
> ㄷ. 개인별로 주민등록번호를 부여하면서 주민등록번호 변경에 관한 규정을 두고 있지 않은 규정
> ㄹ. 공직선거의 후보자등록 신청을 함에 있어 형의 실효 여부와 관계 없이 일률적으로 금고 이상의 형의 범죄경력을 제출·공개하도록 한 규정

① 1개　　② 2개　　③ 3개　　④ 4개

09. 사생활의 비밀과 자유 및 개인정보자기결정권에 관한 설명으로 옳지 않은 것은? (다툼이 있는 경우 판례에 의함)

① 사생활의 비밀과 자유에 의해 보호되는 대상에서 공적인 영역의 활동이 배제된다.
② '당사자 사이에 혼인의사의 합의가 없음을 원인으로 하는 혼인무효판결에 의한 가족관계등록부 정정 신청으로 해당 가족관계등록부가 정정된 때' 가운데 '그 혼인무효사유가 한쪽 당사자나 제3자의 범죄 행위로 인한 경우'에 한정하여 등록부 재작성 신청권을 부여한 조항은, 청구인과 같이 등록부 재작성 신청권이 인정되지 않는 경우에는 정정된 등록부가 보존되고, 그에 따라 청구인의 개인정보자기결정 권을 침해한다.
③ 흡연권은 인간의 존엄과 행복추구권을 규정한 헌법 제10조와 사생활의 자유를 규정한 헌법 제17조 에 의하여 뒷받침된다.
④ 개인정보자기결정권의 보호대상이 되는 개인정보는 개인의 신체, 신념, 사회적 지위, 신분 등과 같이 개인의 인격주체성을 특징짓는 사항으로서 그 개인의 동일성을 식별할 수 있게 하는 일체의 정보라 고 할 수 있다.

10. 사생활의 비밀과 자유에 관한 설명으로 가장 옳지 않은 것은? (다툼이 있는 경우 판례에 의함)

① 4급 이상 공무원들의 병역 면제사유인 질병명을 관보와 인터넷을 통해 공개하도록 하는 것은 해당 공무원들의 사생활의 비밀과 자유를 침해한다.

② 감염병 예방 및 감염 전파의 차단을 위하여 감염병의심자 등에 관한 인적사항 수집을 허용하는 구 「감염병의 예방 및 관리에 관한 법률」 제76조의2 제1항 제1호는 개인정보자기결정권을 침해한다.

③ 보안관찰처분대상자가 변동신고조항 및 이를 위반할 경우 처벌하도록 정한 「보안관찰법」 제27조 제2항 중 제6조 제2항 전문에 관한 부분은 과잉금지원칙을 위반하여 청구인의 사생활의 비밀과 자유 및 개인정보자기결정권을 침해한다.

④ 금융감독원의 4급 이상 직원에 대하여 「공직자윤리법」상 재산등록의무를 부과하는 것은 금융감독원의 4급 이상 직원의 사생활의 비밀의 자유를 침해하지 않는다.

11. 개인정보자기결정권에 관한 설명으로 가장 옳지 않은 것은? (다툼이 있는 경우 판례에 의함)

① 구치소장이 검사의 요청에 따라 미결수용자와 그 배우자의 접견녹음파일을 미결수용자의 동의 없이 제공하더라도, 이러한 제공행위는 형사사법의 실체적 진실을 발견하고 이를 통해 형사사법의 적정한 수행을 도모하기 위한 것으로 미결수용자의 개인정보자기결정권을 침해하는 것은 아니다.

② 「개인정보 보호법」상 '개인정보'란 살아 있는 개인에 관한 정보로서 성명, 주민등록번호 및 영상 등을 통하여 개인을 알아볼 수 있는 정보에 한정된다.

③ 국민건강보험공단이 경찰서장에게 2년 내지 3년 동안의 '전문의 병원이 포함된 요양기관명, 급여일자'를 포함한 요양급여내역을 제공한 행위는 개인정보자기결정권을 침해한다.

④ 「영유아보육법」은 CCTV 열람의 활용 목적을 제한하고 있고, 어린이집 원장은 열람시간 지정 등을 통해 보육활동에 지장이 없도록 보호자의 열람 요청에 적절히 대응할 수 있으므로 「영유아보육법」의 CCTV 열람조항으로 보육교사의 개인정보자기결정권이 필요 이상으로 과도하게 제한된다고 볼 수 없다.

12. 통신의 자유에 관한 설명으로 옳지 않은 것은? (다툼이 있는 경우 판례에 의함)

① 방송통신심의위원회가 주식회사 케이티 외 9개 정보통신서비스제공자 등에 대하여 895개 웹사이트에 대한 이용자들의 접속을 차단하도록 시정을 요구한 행위는 통신의 자유를 침해한다.
② 감청을 헌법 제18조에서 보장하고 있는 통신의 비밀에 대한 침해행위 중의 한 유형으로 이해해서는 안 되며, 감청의 대상으로서의 전기통신을 헌법상의 '통신' 개념을 전제로 하고 있다.
③ 자유로운 의사소통은 통신내용의 비밀을 보장하는 것만으로는 충분하지 아니하고 구체적인 통신으로 발생하는 외형적인 사실관계, 특히 통신관여자의 인적 동일성·통신시간·통신장소·통신횟수 등 통신의 외형을 구성하는 통신이용의 전반적 상황의 비밀까지도 보장해야 한다.
④ 헌법 제18조에서 그 비밀을 보호하는 '통신'의 일반적인 속성으로는 '당사자 간의 동의', '비공개성', '당사자의 특정성' 등을 들 수 있다.

정신적 자유권

13. 양심의 자유에 관한 설명으로 옳은 것은? (다툼이 있는 경우 판례에 의함)

① 양심적 병역거부를 다투는 것은 진정입법부작위를 다투는 것이라고 봄이 상당하다.
② 가해학생에 대한 조치로 피해학생에 대한 서면사과를 규정한 구 「학교폭력예방 및 대책에 관한 법률」 제17조 제1항 제1호는 가해학생의 양심의 자유와 인격권을 침해하지 않는다.
③ 재산목록을 제출하고 그 진실함을 법관 앞에서 선서하는 것은 양심의 자유의 보호대상이다.
④ 침묵의 자유는 사실에 관한 지식 또는 기술적 지식의 진술을 거부하는 자유도 포함한다.

14. 양심의 자유에 관한 설명으로 옳지 않은 것은? (다툼이 있는 경우 판례에 의함)

① 대체복무요원의 복무기간을 '36개월'로 한 「대체역의 편입 및 복무 등에 관한 법률」 제18조 제1항, 대체복무요원으로 하여금 '합숙'하여 복무하도록 한 같은 법 제21조 제2항, 대체복무기관을 '교정시설'로 한정한 같은 법 시행령 제18조는 모두 헌법에 위반되지 않는다.
② 양심형성의 자유와 양심적 결정의 자유는 내심에 머무르는 한 절대적 자유라고 할 수 있지만, 양심실현의 자유는 타인의 기본권이나 다른 헌법적 질서와 저촉되는 경우 법률에 의하여 제한될 수 있는 상대적 자유라고 할 수 있다.
③ 양심의 자유에서 현실적으로 문제가 되는 것은 국가의 법질서나 사회의 도덕률에서 벗어나려는 소수의 양심이지만 양심상의 결정이 어떠한 종교관·세계관 또는 그 외의 가치체계에 기초하고 있는가와 관계 없이, 모든 내용의 양심상의 결정이 양심의 자유에 의하여 보장된다고 할 수는 없다.
④ 헌법상 보호되는 양심은 민주적 다수의 사고나 가치관과 일치하는 것이 아니라, 개인적 현상으로서 지극히 주관적인 것이다.

15. 종교의 자유에 관한 설명으로 옳지 않은 것은? (다툼이 있는 경우 판례에 의함)

① 대학 주변의 학교정화구역에서 종교단체에 의한 납골시설의 설치·운영을 절대적으로 금지하고 있는 구 「학교보건법」 조항은 종교의 자유 등을 과도하게 제한하여 헌법 제37조 제2항에 위반된다고 보기 어렵다.
② 육군훈련소장이 훈련병들로 하여금 개신교, 천주교, 불교, 원불교 4개 종교의 종교행사 중 하나에 참석하도록 한 것이 그 자체로 종교적 행위의 외적 강제에 해당한다고 볼 수는 없다.
③ 종교시설의 건축행위에 대하여 기반시설부담금 부과를 제외하거나 감경하지 아니하였더라도, 종교의 자유를 침해하는 것이 아니다.
④ 구치소에 종교행사 공간이 1개뿐이고, 종교행사는 종교, 수형자와 미결수용자, 성별, 수용동별로 진행되며, 미결수용자는 공범이나 동일사건 관련자가 있는 경우 이를 분리하여 참석하게 해야 하는 점을 고려하면 구치소장이 미결수용자 대상 종교행사를 4주에 1회 실시하였더라도 종교의 자유를 과도하게 제한하였다고 보기 어렵다.

16. 헌법재판소 결정에 관한 설명으로 옳은 것은? (다툼이 있는 경우 판례에 의함)

① 헌법재판소의 위헌결정은 모든 국가기관을 기속하는 것은 아니다.
② 모든 심리와 평의는 공개가 원칙이나, 국가안전보장, 안녕질서 또는 선량한 풍속을 해칠 우려가 있는 경우에는 결정으로 공개하지 아니할 수 있다.
③ 탄핵결정 선고에 의하여 피청구인은 공직에서 파면되지만 피청구인의 민·형사상 책임은 면제된다.
④ 집회·시위를 위한 인천애뜰 잔디마당의 사용허가를 예외 없이 제한하는 「인천애(愛)뜰의 사용 및 관리에 관한 인천시 조례」는 헌법에 위반된다.

17. 표현의 자유에 관한 설명으로 옳지 않은 것은? (다툼이 있는 경우 판례에 의함)

① 광고도 사상·지식·정보 등을 불특정다수인에게 전파하는 것으로서 언론·출판의 자유에 의한 보호를 받는 대상이 됨은 물론이고, 상업적 광고 표현 또한 보호의 대상이 된다.
② 집회의 자유는 집회를 통하여 형성된 의사를 집단적으로 표현하고 이를 통하여 불특정 다수인의 의사에 영향을 줄 자유를 포함하지만, 집회의 자유의 보장 대상은 평화적, 비폭력적 집회에 한정된다.
③ 「공직선거법」 제250조 제2항 허위사실공표죄 중 '후보자가 되고자 하는 자에 관하여 허위의 사실을 공표한 자'에 관한 부분(허위사실공표죄)은 헌법에 위반되지 아니하고, 「공직선거법」 제251조 후보자비방죄 중 '후보자가 되고자 하는 자'에 관한 부분도 헌법에 위반되지 아니한다.
④ 집회·시위의 장소는 집회·시위의 목적을 달성하는 데 있어서 매우 중요한 역할을 수행하는 경우가 많으므로 장소선택의 자유는 집회·시위의 자유의 한 실질을 형성한다.

18. 언론·출판·집회·결사와 관련하여 현행 헌법이 취하고 있는 태도로 가장 옳지 않은 것은? (다툼이 있는 경우 판례에 의함)

① 사회복무요원이 정당이나 그 밖의 정치단체에 가입하는 등 정치적 목적을 지닌 행위를 금지한 「병역법」 제33조 제2항 본문 제2호 중 '그 밖의 정치단체에 가입하는 등 정치적 목적을 지닌 행위'에 관한 부분은 헌법에 위반된다.
② 통신·방송의 시설기준은 법률로 정한다.
③ "언론·출판은 타인의 명예나 권리 또는 공중도덕이나 사회윤리를 침해하여서는 안 된다."라는 헌법조항은 언론·출판의 자유의 한계를 규정한 것이다.
④ 모든 국민은 언론·출판의 자유와 집회·결사의 자유를 가진다.

19. '알권리'에 관한 설명으로 가장 옳지 않은 것은? (다툼이 있는 경우 판례에 의함)

① 자유로운 의사의 형성은 정보에의 접근이 충분히 보장됨으로써 비로소 가능한 것이며, 그러한 의미에서 정보에의 접근·수집·처리의 자유, 즉 '알권리'는 표현의 자유와 표리일체의 관계에 있으며 자유권적 성질과 청구권적 성질을 공유하는 것이다.
② '알권리'의 자유권적 성질은 일반적으로 정보에 접근하고 수집·처리함에 있어서 국가권력의 방해를 받지 아니한다는 것을 말한다.
③ '알권리'의 청구권적 성질은 의사 형성이나 여론 형성에 필요한 정보를 적극적으로 수집하고 수집을 방해하는 방해제거를 청구할 수 있다는 것을 의미하는 바, 이는 정보수집권 또는 정보공개청구권으로 나타난다.
④ '알권리'는 표현의 자유에 당연히 포함되는 것으로 보아야 하지만 생활권적 성질까지도 획득해 나가고 있다고 보기는 어렵다.

20. 집회·결사의 자유에 관한 설명으로 옳지 않은 것은? (다툼이 있는 경우 판례에 의함)

① "누구든지 국회의사당의 경계지점으로부터 100미터 이내의 장소에서 옥외집회 또는 시위를 할 경우 형사처벌한다."고 규정한 「집회 및 시위에 관한 법률」 조항 중 '국회의사당'에 관한 부분은 집회의 자유를 침해한다.
② 집회의 자유는 집회의 시간·장소·방법·목적 등을 스스로 결정하는 것을 내용으로 하며, 구체적으로 보호되는 주요 행위는 집회의 준비·조직·지휘·참가 및 집회 장소와 시간의 선택 등이다.
③ 사법인은 그 조직과 의사 형성에 있어서, 그리고 업무수행에 있어서 자기결정권을 가진다고 할 수 없으므로 결사의 자유의 주체가 된다고 볼 수 없다.
④ 결사의 자유에는 단체활동의 자유도 포함되는데, 단체활동의 자유는 단체 외부에 대한 활동뿐만 아니라 단체의 조직, 의사 형성의 절차 등의 단체의 내부적 생활을 스스로 결정하고 형성할 권리인 '단체 내부 활동의 자유'를 포함한다.

경제적 기본권 ~ 정치적 기본권

정신적 자유권

01. 대학의 자치 및 자율성에 관한 설명으로 옳지 않은 것은? (다툼이 있는 경우 판례에 의함)

① 교육부장관이 강원대학교 법학전문대학원의 2015학년도 및 2016학년도 신입생 각 1명의 모집을 정지한 행위는 과잉금지원칙에 반하여 헌법 제31조 제4항이 정하는 대학의 자율권을 침해한다.

② 대학의 장이 단과대학장을 보할 때 그 대상자의 추천을 받거나 선출의 절차를 거치지 아니하고, 해당 단과대학 소속 교수 또는 부교수 중에서 직접 지명하도록 하고 있는 것은 대학의 자율성을 침해하는 것이다.

③ 대학의 자율의 구체적인 내용은 법률이 정하는 바에 의하여 보장되며, 국가는 헌법 제31조 제6항에 따라 학교제도에 관한 전반적인 형성권과 규율권을 부여받는데, 규율의 정도는 그 시대와 각급 학교의 사정에 따라 다를 수밖에 없다.

④ 대학의 장 후보자를 추천할 때 해당 대학 교원의 합의된 방식과 절차에 따라 직접선거로 선정하는 경우, 해당 대학은 선거관리에 관하여 그 소재지를 관할하는 「선거관리위원회법」에 따른 구·시·군 선거관리위원회에 선거관리를 위탁하여야 한다.

재산권

02. 다음 중 판례의 내용으로 옳지 않은 것은? (다툼이 있는 경우 판례에 의함)

① 1945.8.9. 이후 성립된 거래를 전부 무효로 한 재조선미국육군사령부군정청 법령 제2호 제4조 본문과 1945.8.9. 이후 일본 국민이 소유하거나 관리하는 재산을 1945.9.25.자로 전부 미군정청이 취득하도록 정한 재조선미국육군사령부군정청 법령 제33호 제2조 전단 중 '일본 국민'에 관한 부분은 진정소급입법이지만 헌법 제13조 제2항에 반하지 않는다.
② 법률에 따라 국내에서 출원공개된 경우 신규성 상실의 예외를 제한하는 「디자인보호법」 제36조 제1항 단서 중 '법률에 따라 국내에서 출원공개된 경우'에 관한 부분은 헌법에 위반되지는 않지만 재산권을 제한한다.
③ 종합소득세의 납부의무 위반에 대하여 미납기간을 고려하지 않고 일률적으로 미납세액의 100분의 10에 해당하는 가산세를 부과하도록 한 구 「소득세법」 제81조 제3항은 헌법에 위반되지 아니한다.
④ 피청구인 교도소장이 대한법률구조공단으로부터 청구인에게 발송된 총 7건의 서신 및 국가인권위원회로부터 청구인에게 발송된 1건의 서신을 개봉한 행위, 피청구인 교도소장이 교도소에 송달된 수원지방검찰청의 정보공개결정통지서 및 수원지방법원의 판결문 등 총 5건의 문서를 열람한 행위는 청구인의 통신의 자유를 침해하지 않는다.

03. 공법상 권리의 재산권성에 관한 설명으로 옳지 않은 것은? (다툼이 있는 경우 판례에 의함)

① 골프장 입장행위에 대하여 1명 1회 입장에 1만 2천 원의 개별소비세를 부과하는 「개별소비세법」 제1조 제3항 제4호는 헌법에 위반된다.
② 양도소득의 필요경비를 계산할 때 양도자산 보유기간에 그 자산에 대한 감가상각비로서 각 과세기간의 사업소득금액을 계산하는 경우 필요경비에 산입하였거나 산입할 금액이 있을 때에는 이를 취득가액에서 공제하도록 규정한 「소득세법」 제97조 제3항은 청구인의 재산권을 침해하지 않는다.
③ 월남전에 참전한 자가 생전에 고엽제후유증환자로 등록신청을 하지 아니하고 사망한 경우 그 유족에게 유족등록신청자격을 부인하는 것은 재산권을 침해하지 않는다.
④ 비용보상청구권의 제척기간을 무죄판결이 확정된 날부터 6개월로 규정한 구 「형사소송법」 제194조의3 제2항은 재판청구권 및 재산권을 침해하지 않는다.

04. 재산권에 관한 설명으로 옳은 것(○)과 옳지 않은 것(×)을 바르게 조합한 것은? (다툼이 있는 경우 판례에 의함)

> ㄱ. 헌법 제13조 제2항은 "모든 국민은 소급입법에 의하여 … 재산권을 박탈당하지 아니한다."라고 규정하고 있는바, 여기서 소급입법은 진정소급효를 가지는 법률만 가리킨다.
> ㄴ. 「가축전염병 예방법」상 살처분명령은 이미 형성된 재산권을 개별적·구체적으로 박탈한다는 점에서, 가축 소유자가 수인해야 하는 사회적 제약의 범위를 벗어나는 것으로 보아야 한다.
> ㄷ. 댐사용권을 취소·변경할 수 있도록 규정한 「댐건설 및 주변지역지원 등에 관한 법률」 조항은 이미 형성된 구체적인 재산권을 공익을 위하여 개별적이고 구체적으로 박탈·제한하는 것으로서 보상을 요하는 헌법 제23조 제3항의 수용·사용·제한을 규정한 것이라고 볼 수 없고, 적정한 수자원의 공급 및 수재 방지 등 공익적 목적에서 건설되는 다목적댐에 관한 독점적 사용권인 댐사용권의 내용과 한계를 정하는 규정인 동시에 공익적 요청에 따른 재산권의 사회적 제약을 구체화하는 규정이라고 보아야 한다.
> ㄹ. 종전 규정에 의한 폐기물재생처리신고업자의 사업이 개정 규정에 의한 폐기물중간처리업에 해당하는 경우, 영업을 계속하기 위하여는 법 시행일부터 1년 이내에 개정 규정에 의한 폐기물중간처리업의 허가를 받도록 하고 있는 구 「폐기물관리법」 부칙 규정으로 인해 사실상 폐업이 불가피하게 된 기존의 폐기물재생처리신고업자는 재산권 침해를 이유로 헌법 제23조 제3항에 따른 보상을 받을 수 있다.

	ㄱ	ㄴ	ㄷ	ㄹ
①	×	○	○	○
②	○	×	×	○
③	○	×	×	×
④	○	×	○	×

05. 재산권에 관한 설명으로 가장 옳지 않은 것은? (다툼이 있는 경우 판례에 의함)

① 헌법이 규정한 '정당한 보상'이란 손실보상의 원인이 되는 재산권의 침해가 기존의 법질서 안에서 개인의 재산권에 대한 개별적인 침해인 경우에 원칙적으로 피수용재산의 객관적인 재산가치를 완전하게 보상하는 것을 의미하는 것이고, 개발이익은 그 성질상 완전보상의 범위에 포함되지 아니한다.
② 헌법 제23조 제3항은 재산권 수용의 주체를 한정하지 않고 있으므로, 수용의 주체를 국가 등 공적 기관에 한정하여 해석할 이유가 없다.
③ 「감염병의 예방 및 관리에 관한 법률」 제49조 제1항 제2호에 근거한 집합제한조치로 인하여 청구인들의 일반음식점 영업이 제한되어 영업이익이 감소되었다면 위헌이 아니라 하더라도 보상규정이 없는 것은 재산권을 제한한다.
④ 공용수용에 관하여 규정하고 있는 헌법 제23조 제3항의 '공공필요'의 의미에 비추어 볼 때, 행정기관이 개발촉진지구 지역개발사업으로 실시계획을 승인하고 이를 고시하기만 하면 고급골프장 사업과 같이 공익성이 낮은 사업에 대해서까지도 시행자인 민간개발자에게 수용권한을 부여하는 법률조항은 헌법 제23조 제3항에 위반된다.

06. 재산권에 관한 설명으로 옳지 않은 것은? (다툼이 있는 경우 판례에 의함)

① 살처분된 가축의 소유자가 축산계열화사업자인 경우에는 수급권 보호를 위하여 보상금을 계약사육농가에 지급한다고 규정한 「가축전염병 예방법」 제48조 제1항 제3호 단서는 헌법에 위반되지 않는다.
② 「군인연금법」상 퇴역연금 수급자가 지방의회의원에 취임한 경우, 퇴역연금 전부의 지급을 정지하도록 규정한 구 「군인연금법」 제27조 제1항 제2호 중 '지방의회의원'에 관한 부분은 과잉금지원칙에 위반되어 지방의회의원으로 취임한 퇴역연금 수급자의 재산권을 침해하므로 헌법에 위반된다.
③ 헌법 제23조의 재산권은 「민법」상의 소유권으로 재산적 가치가 있는 사법상의 물권·채권 등의 권리를 의미하며, 국가로부터의 일방적인 급부가 아닌 자기 노력의 대가나 자본의 투자 등 특별한 희생을 통하여 얻은 공법상의 권리도 재산권에 포함된다.
④ 재산권 보장은 개인이 현재 누리고 있는 재산권을 개인의 기본권으로 보장한다는 의미와 개인이 재산권을 향유할 수 있는 법제도로서의 사유재산제도를 보장한다는 이중적 의미를 가지고 있다.

07. 현행 헌법상 재산권 보장에 관한 설명으로 가장 옳지 않은 것은? (다툼이 있는 경우 판례에 의함)

① 의료급여기관이 「의료법」 제33조 제2항을 위반하였다는 사실을 수사기관의 수사 결과로 확인한 경우 시장·군수·구청장으로 하여금 의료급여비용의 지급을 보류할 수 있도록 규정한 「의료급여법」 제11조의5 제1항 중 「의료법」 제33조 제2항'에 관한 부분은 헌법에 위반되지 않는다.
② 헌법 제23조의 공공필요는 공공복리보다 좁은 개념이다.
③ 환매권의 발생기간을 제한하고 있는 「공익사업을 위한 토지 등의 취득 및 보상에 관한 법률」 제91조 제1항 중 '토지의 협의취득일 또는 수용의 개시일부터 10년 이내에' 부분은 재산권을 침해한다.
④ 수용청구권은 사적 유용성을 지닌 것으로서 헌법상 재산권에 포함된다.

직업선택의 자유

08. 직업의 자유에 관한 설명으로 옳은 것은? (다툼이 있는 경우 판례에 의함)

① 안경사 면허를 가진 자연인에게만 안경업소의 개설 등을 할 수 있도록 하고 위반 시 처벌하도록 규정한 구 「의료기사 등에 관한 법률」 조항은 자연인인 안경사와 법인의 직업의 자유를 침해한다.
② 택시운전자격을 취득한 사람이 강제추행 등 성범죄를 범하여 금고 이상의 형의 집행유예를 선고받은 경우 그 자격을 취소하도록 규정한 「여객자동차 운수사업법」 조항은 택시운전자격을 취득한 사람의 직업의 자유를 침해한다.
③ 학습자가 수강을 계속할 수 없는 경우 학원설립·운영자로 하여금 교습비등을 반환하도록 한 「학원의 설립·운영 및 과외교습에 관한 법률」 제18조 제1항 중 "학원설립·운영자는 학습자가 수강을 계속할 수 없는 경우에는 학습자로부터 받은 교습비등을 반환하여야 한다." 부분은 헌법에 위반되지 않는다.
④ 아동학대 관련 범죄로 처벌을 받은 어린이집 원장 또는 보육교사에 대하여 행정청이 재량으로 자격을 취소할 수 있도록 한 「영유아보육법」 제48조 제1항 제3호 중 「아동복지법」 제17조 제5호를 위반하여 「아동복지법」 제71조 제1항 제2호에 따라 처벌받은 경우'에 관한 부분은 헌법에 위반된다.

09. 변호사 광고 금지에 관한 설명으로 가장 옳지 않은 것은? (다툼이 있는 경우 판례에 의함)

① 변호사 등이 아님에도 변호사 등의 직무와 관련한 서비스의 취급·제공 등을 표시하거나 소비자들이 변호사 등으로 오인하게 만들 수 있는 자에게 광고를 의뢰하거나 참여·협조하는 행위를 금지하는 변호사 광고에 관한 규정은 변호사 자격제도를 유지하고 소비자의 피해를 방지하기 위한 적합한 수단이다.

② 대한변호사협회의 유권해석에 반하는 내용의 광고를 금지하고, 대한변호사협회의 유권해석에 위반되는 행위를 목적 또는 수단으로 하여 행하는 법률상담과 관련한 광고를 하거나 그러한 사업구조를 갖는 타인에게 하도록 하는 것을 금지하는 변호사 광고에 관한 규정은 법률유보원칙을 위반하여 변호사들의 표현의 자유, 직업의 자유를 침해한다.

③ 변호사에 대하여 공정한 수임질서를 저해할 우려가 있는 무료 또는 부당한 염가의 수임료를 표방하거나 무료 또는 부당한 염가의 법률상담방식을 내세운 광고를 금지하는 것은, 무고한 법률 소비자들의 피해를 막고 정당한 수임료나 법률상담료를 제시하는 변호사들을 보호함으로써 공정한 수임질서를 확립하기 위한 것으로 과잉금지원칙에 위배되지 아니한다.

④ 변호사 또는 소비자로부터 금전·기타 경제적 대가를 받고 법률상담 또는 사건 등을 소개·알선·유인하기 위하여 변호사 등을 광고·홍보·소개하는 행위를 금지하는 변호사 광고에 관한 규정은 「변호사법」이 금지하는 특정 변호사에 대한 소개·알선·유인행위의 실질을 갖춘 광고행위를 금지하는 것으로 과잉금지원칙에 위배되지 아니한다.

10. 직업의 자유에 관한 설명으로 가장 옳지 않은 것은?

① 변호사시험 성적의 비공개를 규정한 관련 법 조항은 성적공개 청구인들의 법조인으로서의 직역 선택이나 직업수행에 있어서 어떠한 제한을 두고 있는 것은 아니므로 성적공개 청구인들의 직업선택의 자유를 제한하고 있다고 볼 수 없다.

② '가사사용인'에 대해서는 「근로자퇴직급여 보장법」을 적용하지 않도록 규정한 「근로자퇴직급여 보장법」 제3조 단서 중 '가구 내 고용활동' 부분은 헌법에 위반되지 않는다.

③ 문화체육관광부장관이 정부광고업무를 한국언론진흥재단에 위탁하도록 한 「근로자퇴직급여 보장법 시행령」 제6조 제1항은 광고대행업에 종사하는 청구인들의 직업수행의 자유를 침해한다.

④ 변호사의 겸직허가에 관한 「변호사법」 제38조 제2항을 법무법인에게 준용하지 않는 「변호사법」 제57조는 법무법인의 영업의 자유를 침해하는 것이 아니다.

11. 헌법상 직업의 자유 또는 경제조항에 관한 설명으로 옳은 것은? (다툼이 있는 경우 판례에 의함)

① 접촉차단시설이 설치되지 않은 장소에서 수용자와 접견할 수 있는 예외 대상의 범위에 소송대리인이 되려는 변호사를 포함시키지 않은 구 「형의 집행 및 수용자의 처우에 관한 법률 시행령」 제58조 제4항 제2호는 변호사인 청구인의 직업수행의 자유를 침해하지 않는다.
② 헌법 제119조 제2항에 규정된 경제주체 간의 조화를 통한 경제민주화의 이념은 경제영역에서 정의로운 사회질서를 형성하기 위하여 추구할 수 있는 국가목표에 그치므로 개인의 기본권을 제한하는 국가행위를 정당화하는 헌법규범이라고 볼 수 없다.
③ 경제적 기본권을 제한하는 법률의 합헌성 여부를 심사하는 경우, 그 법률을 정당화하는 공익은 헌법에 명시적으로 규정된 목표에만 제한된다.
④ 주택재개발사업에서 부과하는 임대주택공급의무는 재개발로 발생하는 세입자들의 주거문제를 해결하기 위한 제도이고, 재건축사업에서 임대주택공급제도는 개발이익의 환수 차원에서 부과되는 의무라 할 것이므로, 두 사업 모두에 임대주택공급의무를 부과하는 것은 재건축조합의 조합원 등의 평등권을 침해하고 있다.

12. 직업의 자유에 관한 설명으로 옳지 않은 것은? (다툼이 있는 경우 판례에 의함)

① 생활폐기물 수집·운반 대행계약과 관련하여 뇌물공여, 사기 등 범죄를 범하여 일정한 형을 선고받은 자를 3년간 위 대행계약 대상에서 제외하도록 규정한 「폐기물관리법」 제14조 제8항 제7호는 직업수행의 자유를 침해한다.
② 직업선택의 자유에서 보호되는 직업이란 생활의 기본적인 수요를 충족시키기 위해 행하는 계속적인 소득활동을 의미하므로, 의무복무로서의 현역병은 헌법 제15조가 선택의 자유로서 보장하는 직업이라고 할 수 없다.
③ 직업행사의 자유에 대한 제한에 있어서는 직업선택의 자유에 비하여 상대적으로 그 침해의 정도가 작다고 할 것이며, 이에 대하여는 공공복리 등 공익상의 이유로 비교적 넓은 법률상의 규제가 가능하지만, 그 경우에도 헌법 제37조 제2항에서 정한 한계인 과잉금지원칙은 지켜져야 한다.
④ 당사자의 능력이나 자격과 상관 없는 객관적 사유에 의한 직업선택의 자유 제한은 월등하게 중요한 공익을 위하여 명백하고 확실한 위험을 방지하기 위한 경우에만 정당화될 수 있다.

13. 직업의 자유에 관한 설명으로 옳지 않은 것은? (다툼이 있는 경우 판례에 의함)

① 전문과목을 표시한 치과의원은 그 표시한 전문과목에 해당하는 환자만을 진료하여야 한다고 규정한 「의료법」 제77조 제3항은 과잉금지원칙을 위배하여 치과전문의인 청구인들의 직업수행의 자유를 침해한다.
② 법인의 임원이 「학원의 설립·운영 및 과외교습에 관한 법률」을 위반하여 벌금형을 선고받은 경우, 법인의 등록이 효력을 잃도록 규정하는 것은 과잉금지원칙을 위배하여 법인의 직업수행의 자유를 침해한다.
③ 헌법 제15조에서 보장하는 직업이란 생활의 기본적 수요를 충족시키기 위하여 행하는 계속적인 소득활동을 의미하고, 성매매는 그것이 가지는 사회적 유해성과는 별개로 성판매자의 입장에서 생활의 기본적 수요를 충족하기 위한 소득활동에 해당함을 부인할 수 없으나, 성매매자를 처벌하는 것은 과잉금지원칙에 반하지 않는다.
④ 변호사시험의 응시기회를 법학전문대학원의 석사학위 취득자의 경우 석사학위를 취득한 달의 말일부터 또는 석사학위 취득 예정자의 경우 그 예정기간 내 시행된 시험일부터 5년 내에 5회로 제한한 「변호사시험법」 규정은 응시기회의 획일적 제한으로 청구인들의 직업선택의 자유를 침해한다.

선거권과 선거제도

14. 선거제도에 관한 설명으로 가장 옳지 않은 것은? (다툼이 있는 경우 판례에 의함)

① 「공직선거법」 규정에 의한 공개장소에서의 연설·대담장소 또는 대담·토론회장에서 연설·대담·토론용으로 사용하는 경우를 제외하고는 선거운동을 위하여 확성장치를 사용할 수 없도록 하고, 이를 위반할 경우 처벌하도록 한 「공직선거법」 제91조 제1항 및 구 「공직선거법」 제255조 제2항 제4호 중 '제91조 제1항의 규정에 위반하여 확성장치를 사용하여 선거운동을 한 자' 부분은 헌법에 위반된다.
② 각 의석할당정당에 배분할 의석수(이하 '연동배분의석수'라 한다)는 다음 계산식에 따른 값을 소수점 첫째 자리에서 반올림하여 산정한다. 이 경우 연동배분의석수가 1보다 작은 경우 연동배분의석수는 0으로 한다.
③ 선거범죄로 인해 당선이 무효로 된 때를 비례대표지방의회의원의 의석 승계 제한사유로 규정한 것은 궐원된 비례대표지방의회의원 의석을 승계받을 후보자명부상 차순위 후보자의 공무담임권을 침해한다.
④ 소선거구 다수대표제를 규정하여 다수의 사표가 발생한다 하더라도 그 이유만으로 헌법상 요구된 선거의 대표성의 본질을 침해한다거나 그로 인해 국민주권원리를 침해하고 있다고 할 수 없다.

15. 다음 중 판례의 내용으로 옳지 않은 것은? (다툼이 있는 경우 판례에 의함)

① 선거운동의 자유는 선거권 행사의 전제 내지 선거권의 중요한 내용을 이룬다고 할 수 있으므로, 甲에 대한 선거운동의 제한은 선거권의 제한으로도 파악될 수 있다.
② 한국철도공사 상근직원의 직급이나 직무의 성격에 대한 검토 없이 일률적으로 모든 상근직원의 선거운동을 전면적으로 금지하는 것으로 선거운동의 자유를 침해한다.
③ 선거운동의 자유는 선거의 공정성이라는 또 다른 가치를 위하여 무제한 허용될 수는 없는 것이고, 선거운동이 허용되거나 금지되는 사람의 인적 범위는 입법자가 재량의 범위 내에서 직무의 성질과 내용 등 제반 사정을 종합적으로 검토하여 정할 사항이므로 제한입법의 위헌 여부에 대하여는 다소 완화된 심사기준이 적용되어야 한다.
④ 선거운동의 자유는 널리 선거과정에서 자유로이 의사를 표현할 자유의 일환이므로 표현의 자유의 한 태양이기도 한데, 이러한 정치적 표현의 자유는 선거과정에서의 선거운동을 통하여 국민이 정치적 의견을 자유로이 발표, 교환함으로써 비로소 그 기능을 다하게 된다 할 것이므로 선거운동의 자유는 헌법이 정한 언론·출판·집회·결사의 자유 및 보장규정에 의한 보호를 받는다.

16. 선거제도 및 선거권에 관한 설명으로 옳은 것(○)과 옳지 않은 것(×)을 바르게 조합한 것은? (다툼이 있는 경우 판례에 의함)

ㄱ. 신체의 장애로 인해 자신이 기표할 수 없는 선거인에 대해 투표보조인이 가족이 아닌 경우 반드시 투표보조인 2인을 동반하여서만 투표를 보조하게 할 수 있도록 정한 「공직선거법」 조항은 비밀선거의 원칙에 대한 예외를 정하고 있지만, 형사처벌을 통해 투표보조인이 선거인의 투표의 비밀을 침해하는 것을 방지하여 투표의 비밀이 유지되도록 하고 있으므로 선거권을 침해하지 않는다.
ㄴ. 선거운동기간 전에 개별적으로 대면하여 말로 하는 선거운동을 형사처벌하도록 한 구 「공직선거법」 조항은 정치적 표현의 자유를 침해한다.
ㄷ. 지역구국회의원 선거에 있어서 당해 국회의원지역구에서 유효투표의 다수를 얻은 자를 당선인으로 결정하는 소선거구 다수대표제를 규정한 「공직선거법」 조항은 다른 선거제도를 배제하는 것으로서 평등권과 선거권을 침해한다.
ㄹ. '큐알(QR) 코드가 표기된 사전투표용지 발급행위'와 사전투표용지의 일련번호를 떼지 아니하고 선거인에게 교부하도록 한 「공직선거법」 조항 및 투표용지에의 도장의 날인을 인쇄날인으로 갈음할 수 있도록 한 「공직선거관리규칙」 조항은 선거권을 침해한다.

	ㄱ	ㄴ	ㄷ	ㄹ
①	○	○	×	×
②	○	×	○	×
③	○	○	×	○
④	×	○	○	×

17. 선거제도에 관한 설명으로 옳은 것은?

① 소선거구제는 사표의 발생가능성이 낮다.
② 비례대표제는 평등선거원칙에 부합하지만, 주권자가 소외된다는 단점이 있다.
③ 국회의원 선거와 기초의회의원 선거는 소선거구제이다.
④ 비례대표지방의회의원 선거에 있어서는 당해 선거구 선거관리위원회가 유효투표총수의 100분의 3 이상을 득표한 각 정당을 의석할당정당으로 확정한다.

18. 선거에 관한 설명으로 옳지 않은 것은? (다툼이 있는 경우 판례에 의함)

① 국회의원 비례대표 후보자 명단을 확정하기 위한 당내 경선에는 직접·평등·비밀 투표 등 일반적인 선거원칙이 그대로 적용되고 대리투표는 허용되지 않는다.
② 집행유예자의 경우와 달리 수형자는 그 범행의 불법성이 크다고 보아 그들에 대해 격리된 기간 동안 통치조직의 구성과 공동체의 나아갈 방향을 결정짓는 선거권을 정지시키는 것은 입법목적의 달성에 필요한 정도를 벗어난 과도한 것이 아니다.
③ 국회의원지역선거구구역표 중 인구편차 상하 33⅓%의 기준을 넘어서는 선거구에 관한 부분은 지나친 투표가치의 불평등을 야기하여 위 선거구가 속한 지역에 주민등록을 마친 청구인들의 선거권과 평등권을 침해한다.
④ 지역농협은 기본적으로 사법인의 성격을 지니므로 조합장 선거에서 선거운동을 하는 것은 선거권의 범위에 포함되지 않고, 선거운동의 방법에서 금전 제공을 금지하는 것은 조합장 후보자의 일반적 행동의 자유를 침해하지 않는다.

19. 선거권과 선거제도에 관한 설명으로 옳지 않은 것은? (다툼이 있는 경우 판례에 의함)

① 평등선거의 원칙은 평등원칙이 선거제도에 적용된 것으로서 투표의 수적 평등을 그 내용으로 할 뿐만 아니라, 일정한 집단의 의사가 정치과정에서 반영될 수 없도록 차별적으로 선거구를 획정하는 이른바 '게리맨더링'에 대한 부정을 의미하기도 한다.
② 보통선거의 원칙은 개인의 납세액이나 소유하는 재산을 선거권의 요건으로 하는 제한선거에 대응하는 것으로, 이러한 요건뿐만 아니라 그밖에 사회적 신분·인종·성별·종교·교육 등을 요건으로 하지 않고 일정한 연령에 달한 모든 국민에게 선거권을 인정하는 제도를 말한다.
③ 정당이 비례대표국회의원 선거에 후보자를 추천하는 때에는 그 후보자 중 100분의 50 이상을 여성으로 추천하되, 그 후보자명부의 순위의 매 홀수에는 여성을 추천하여야 한다.
④ 자치구·시·군의원 선거구를 획정할 때, 인구편차 상하 60%(인구비례 4:1)의 기준을 헌법상 허용되는 인구편차 기준으로 삼는 것이 가장 적절하다.

20. 대통령 선거에 관한 설명으로 옳은 것은?

① 대통령 후보자가 1인일 때에는 그 득표수가 선거권자 총수의 과반수가 아니면 대통령으로 당선될 수 없다.
② 대통령 선거에 있어서 최고득표자가 2인 이상인 때에는 국회의 재적의원 과반수가 출석한 공개회의에서 과반수 득표를 얻은 자를 당선자로 한다.
③ 헌법은 대통령의 임기가 만료되는 때에는 임기 만료 70일 내지 40일 전에 후임자를 선거하고, 대통령이 궐위된 때 또는 대통령 당선자가 사망하거나 판결 기타의 사유로 그 자격을 상실한 때에는 60일 이내에 후임자를 선거한다고 규정한다.
④ 전임자의 임기가 만료된 후에 실시하는 선거와 궐위로 인한 선거에 의한 대통령의 임기는 선거일의 다음날 0시부터 개시된다.

정치적 기본권 ~ 청구권적 기본권

참정권

01. 국민투표에 관한 설명으로 가장 옳지 않은 것은? (다툼이 있는 경우 판례에 의함)

① 헌법 제72조의 국민투표권은 대통령이 어떠한 정책을 국민투표에 부의한 경우에 비로소 행사가 가능한 기본권이라 할 수 있다.
② 헌법개정안에 대한 국민투표제를 처음 도입한 것은 제3공화국(1962년) 헌법이다.
③ 국민투표에 관하여 「국민투표법」 또는 「국민투표법」에 의하여 발하는 명령에 위반하는 사실이 있는 경우에는 선거소청을 거쳐서 대법원에 소송을 제기해야 한다.
④ 국민투표의 효력에 관하여 이의가 있는 투표인은 투표인 10만 인 이상의 찬성을 얻어 중앙선거관리위원회위원장을 피고로 하여 투표일로부터 20일 이내에 대법원에 제소할 수 있다.

02. 대통령의 국민투표부의권 행사에 관한 설명으로 옳은 것은? (다툼이 있는 경우 판례에 의함)

① 자신의 신임만을 묻는 국민투표가 아니라 특정 정책을 국민투표에 부치면서 이에 자신의 신임을 결부시키는 대통령의 행위는 허용될 수 있다.
② 국민투표는 헌법에 명문의 규정이 있는 경우에만 인정된다.
③ 대통령이 국민투표부의권을 행사한 경우 그 정책에 대한 결정은 국회의원 선거권자 과반수 투표와 투표자 과반수 찬성을 얻어야 한다는 것을 헌법에 명시적으로 밝히고 있다.
④ 제3공화국 헌법에서 국민투표를 처음으로 규정한 이래 지금까지의 국민투표는 모두 헌법개정을 위한 국민투표였다.

03. 국민투표에 관한 설명으로 옳은 것은? (다툼이 있는 경우 판례에 의함)

① 헌법개정에 대한 국민투표를 처음 규정한 것은 제4차 개정헌법이다.
② 헌법재판소는 국민투표무효의 소송에서 국민투표에 관하여 이 법 또는 이 법에 의하여 발하는 명령에 위반하는 사실이 있는 경우라면 국민투표의 결과에 영향을 미쳤는지와 관계 없이 국민투표의 전부 또는 일부의 무효를 판결한다.
③ 대통령은 헌법 제72조상의 국민투표부의권을 행사하여 헌법을 개정할 수 있다.
④ 헌법 제72조의 국민투표권은 헌법이 명문의 규정으로 인정한 경우에만 가능하고 국민주권의 이름으로 할 수 없다.

정당의 자유와 정당제도

04. 정당에 관한 설명으로 옳지 않은 것은?

① 정당의 성격은 권리능력 없는 사단에 해당한다.
② 입법자는 정당설립의 자유를 최대한 보장하는 방향으로 입법하여야 하고, 헌법재판소는 정당설립의 자유를 제한하는 법률의 합헌성을 심사할 때 헌법 제37조 제2항에 따라 엄격한 비례심사를 하여야 한다.
③ 의원이 소속정당에서 제명되면 의원직을 상실한다.
④ 정당 소속 국회의원의 활동 중에서도 국민의 대표자의 지위가 아니라 그 정당에 속한 유력한 정치인의 지위에서 행한 활동으로서 정당과 밀접하게 관련되어 있는 행위들은 정당의 활동이 될 수 있다.

05. 정당제도에 관한 설명으로 옳지 않은 것은? (다툼이 있는 경우 판례에 의함)

① 정당해산심판제도가 정당을 보호하기 위한 취지에서 도입된 것이고 다른 한 편으로는 정당의 강제적 해산가능성을 헌법상 인정하는 것이므로, 그 자체가 민주주의에 대한 제약이자 위협이 될 수는 없다.
② 정당해산제도의 취지 등에 비추어 볼 때 헌법재판소의 정당해산결정이 있는 경우 그 정당 소속 국회의원의 의원직은 당선방식을 불문하고 모두 상실되어야 한다.
③ 정당은 단순히 행정부의 통상적인 처분에 의해서는 해산될 수 없고, 오직 헌법재판소가 그 정당의 위헌성을 확인하고 해산의 필요성을 인정한 경우에만 정당정치의 영역에서 배제된다.
④ 정당해산심판제도는 정당존립의 특권, 특히 그 중에서도 정부의 비판자로서 야당의 존립과 활동을 특별히 보장하고자 하는 헌법제정자의 규범적 의지의 산물로 이해되어야 한다.

06. 정당에 관한 설명으로 옳은 것은? (다툼이 있는 경우 판례에 의함)

① 정당이 그 소속 국회의원을 제명하기 위해서는 당헌이 정하는 절차를 거치는 외에 그 소속 국회의원 전원의 2분의 1 이상의 찬성이 있어야 하고 정당에서 제명되는 의원직을 상실한다.
② 16세 이상의 자는 정당 가입 시 법정대리인의 동의가 있어야 한다.
③ 헌법재판소가 정당해산결정을 내리기 위해서는 그 해산결정이 비례원칙에 부합하는지를 숙고해야 하는바, 이 경우의 비례원칙 준수 여부는 통상적으로 기능하는 위헌심사의 척도에 의한다.
④ 타인의 명의나 가명으로 납부된 당비는 국고에 귀속되며, 국고에 귀속되는 당비는 중앙선거관리위원회가 이를 납부받아 국가에 납입한다.

07. 현행법상 정당에 관한 설명으로 옳지 않은 것은 모두 몇 개인가?

> ㄱ. 국무총리는 정당의 당원이 될 수 있다.
> ㄴ. 국가는 임기만료에 의한 지역구국회의원 선거, 지역구시·도의회의원 선거 및 지역구자치구·시·군의회의원 선거에서 청년후보자(39세 이하 후보자를 말한다)를 추천한 정당에 지급하기 위한 보조금으로 최근 실시한 임기만료에 의한 국회의원 선거의 선거권자 총수에 100원을 곱한 금액을 매년 예산에 계상하여야 한다.
> ㄷ. 경상보조금을 지급받은 정당은 그 경상보조금 총액의 100분의 30 이상은 정책연구소[「정당법」 제38조(정책연구소의 설치·운영)에 의한 정책연구소를 말한다]에, 100분의 10 이상은 시·도당에 배분·지급하여야 하며, 100분의 10 이상은 여성정치발전을 위하여, 100분의 10 이상은 청년정치발전을 위하여 사용하여야 한다.
> ㄹ. 공립중학교 교사는 정당의 당원이 될 수 있다.

① 1개　　② 2개　　③ 3개　　④ 4개

08. 정당제도에 관한 설명으로 옳지 않은 것은? (다툼이 있는 경우 판례에 의함)

① 1980년 제8차 개정헌법에서 "국가는 법률이 정하는 바에 의하여 정당의 운영에 필요한 자금을 보조할 수 있다."라고 규정하였다.
② 정당의 법적 지위는 적어도 그 소유재산의 귀속관계에 있어서는 법인격 없는 사단(社團)으로 보아야 하고, 중앙당과 지구당과의 복합적 구조에 비추어 정당의 지구당은 단순한 중앙당의 하부조직이 아니라 어느 정도의 독자성을 가진 단체로서 역시 법인격 없는 사단에 해당한다.
③ 정당의 합당은 중앙선거관리위원회에 등록 또는 신고함으로써 성립한다. 다만, 정당이 「공직선거법」 제2조(적용범위)의 규정에 의한 선거의 후보자등록신청개시일부터 선거일까지의 사이에 합당된 때에는 당해선거부터 그 효력이 발생한다.
④ "누구든지 2 이상의 정당의 당원이 되지 못한다."라고 규정하고 있는 「정당법」 조항은 정당의 정체성을 보존하고 정당 간의 위법·부당한 간섭을 방지함으로써 정당정치를 보호·육성하기 위한 것으로서, 정당 당원의 정당 가입·활동의 자유를 침해한다고 할 수 없다.

09. 다음 중 판례의 내용으로 옳지 않은 것은?

① 선거권자의 연령을 선거일 현재를 기준으로 산정하도록 규정한 「공직선거법」 제17조에 대한 입법은 기본권 보장이라는 헌법의 기본이념과 연령에 의한 선거권 제한을 인정하는 보통선거제도의 취지에 따라 합리적인 이유와 근거에 기해 합목적적으로 이루어져야 하고, 자의적 입법은 허용될 수 없다.

② 대한민국을 모욕할 목적으로 국기를 손상, 제거, 오욕한 행위를 처벌하는 「형법」 제105조 중 '국기' 부분은, 헌법에 위반되지 아니한다.

③ 「국가공무원법」 제33조 제6호의4 나목 중 구 「아동·청소년의 성보호에 관한 법률」 제11조 제5항 가운데 '아동·청소년이용음란물임을 알면서 이를 소지한 죄로 형을 선고받아 그 형이 확정된 사람은 「국가공무원법」 제2조 제2항 제1호의 일반직공무원으로 임용될 수 없도록 한 것'에 관한 부분은 헌법에 위반되지 않는다.

④ 임대차존속기간을 20년으로 제한하는 「민법」 제651조 제1항은 헌법에 위반된다.

10. 정치적 기본권에 관한 설명으로 옳지 않은 것은? (다툼이 있는 경우 판례에 의함)

① 경상보조금을 지급받은 정당은 그 경상보조금 총액의 100분의 5 이상은 청년정치발전을 위하여 사용하여야 한다.

② 정당이 새로운 당명으로 합당하거나 다른 정당에 합당될 때에는 합당을 하는 정당들의 대의기관이나 그 수임기관의 합동회의의 결의로써 합당할 수 있다.

③ 사회복무요원이 정당이나 그 밖의 정치단체에 가입하는 등 정치적 목적을 지닌 행위를 금지한 「병역법」 제33조 제2항 본문 제2호 중 '그 밖의 정치단체에 가입하는 등 정치적 목적을 지닌 행위'에 관한 부분은 헌법에 위반되지 않는다.

④ 정당의 시·도당 하부조직의 운영을 위하여 당원협의회 등의 사무소를 두는 것을 금지한 구 「정당법」 조항은 정당활동의 자유를 침해하지 않는다.

공무담임권과 직업공무원제도

11. 다음 중 판례의 내용으로 옳지 않은 것은? (다툼이 있는 경우 판례에 의함)

① 변호사시험의 응시자격을 법학전문대학원 석사학위 취득자로 제한한 「변호사시험법」 제5조 제1항 본문에 의하여 제한되는 기본권은 청구인들의 공무담임권을 제한하지 않는다.

② 신문의 편집인·발행인 또는 그 종사자, 방송사의 편집책임자, 그 기관장 또는 종사자, 그 밖의 출판물의 저작자와 발행인으로 하여금 아동보호 사건에 관련된 '아동학대행위자'를 특정하여 파악할 수 있는 인적 사항이나 사진 등을 신문 등 출판물에 싣거나 방송매체를 통하여 방송할 수 없게 금지하는 「아동학대범죄의 처벌 등에 관한 특례법」 제35조 제2항 중 '아동학대행위자'에 관한 부분은 헌법에 위반된다.

③ 살처분은 보상을 요하지 않는 사회적 제약이다.

④ 헌법상 선거일을 유급휴일로 정하여야 할 입법의무는 인정되지 아니한다.

12. 직업공무원제도에 관한 설명으로 가장 옳지 않은 것은? (다툼이 있는 경우 판례에 의함)

① 헌법 제7조 제2항이 규정한 직업공무원제도는 엽관제를 지양함으로써 정치와 공직을 분리하고 이를 통하여 공무수행의 안정성과 전문성을 꾀하려는 데에 그 목적이 있다.

② 공무원은 정당의 발기인 및 당원이 될 수 없으나, 예외적으로 대통령, 국무총리, 국무위원, 국회의원, 지방의회의원, 선거에 의하여 취임하는 지방자치단체의 장이나 교육감에게는 이를 허용하고 있다.

③ 직업공무원의 신분을 보장하는 것은 소신과 능력에 따라 국민 전체를 위한 직무수행이 가능하도록 하기 위한 것으로, 생계보호와 직업보호의 의미도 아울러 지니며, 이러한 신분보장은 헌법 제25조의 공무담임권의 보호영역에도 포함된다.

④ 직무의 내외를 불문하고 체면이나 위신을 손상하는 행위를 징계사유로 규정한 「국가공무원법」 규정은 명확성원칙에 위배되거나 과잉금지원칙에 반한다고 볼 수 없다.

13. 공무담임권에 관한 설명으로 가장 옳지 않은 것은? (다툼이 있는 경우 판례에 의함)

① '아동에게 성적 수치심을 주는 성희롱 등의 성적 학대행위로 형을 선고받아 그 형이 확정된 사람은 「국가공무원법」 제2조 제2항 제1호의 일반직공무원으로 임용될 수 없도록 한 것'에 관한 부분 및 「군인사법」 제10조 제2항 제6호의4 나목 중 「아동복지법」 제17조 제2호 가운데 '아동에게 성적 수치심을 주는 성희롱 등의 성적 학대행위로 형을 선고받아 그 형이 확정된 사람은 부사관으로 임용될 수 없도록 한 것'에 관한 부분은 헌법에 위반된다.
② 현행 헌법은 공무담임권을 명시적으로 규정하고 있다.
③ 선출직 공무원의 공무담임권은 선거를 전제로 하는 대의제의 원리에 의하여 발생하는 것이므로 공직의 취임이나 상실에 관련된 어떠한 법률조항이 대의제의 본질에 반한다면 이는 공무담임권도 침해하는 것이라고 볼 수 있다.
④ 벌금형의 선고유예 판결을 공무원 결격사유로 하지 않으면서 금고형의 선고유예 판결을 결격사유로 한 것은 합리성과 형평에 반한다.

14. 공무원제도에 관한 설명으로 가장 옳지 않은 것은? (다툼이 있는 경우 판례에 의함)

① 사실상 노무에 종사하는 공무원 중 대통령령 등이 정하는 자에 한하여 근로3권을 인정하는 「국가공무원법」 조항은, 근로3권이 보장되는 공무원의 범위를 사실상 노무에 종사하는 공무원으로 한정하고 있으나, 이는 헌법 제33조 제2항에 근거한 것으로, 전체국민의 공공복리와 사실상 노무에 종사하는 공무원의 직무의 내용, 노동조건 등을 고려해 보았을 때 입법자에게 허용된 입법재량권의 범위를 벗어난 것이다.
② 서울교통공사의 상근직원은 서울교통공사의 경영에 관여하거나 실질적인 영향력을 미칠 수 있는 권한이 있다고 인정하기 어려우므로, 당원이 아닌 자에게도 투표권을 부여하여 실시하는 당내경선에서 서울교통공사의 상근직원이 경선운동을 할 수 없도록 일률적으로 금지·처벌하는 것은 정치적 표현의 자유를 과도하게 제한하는 것이다.
③ 공무원의 기부금 모집을 금지하고 있는 「국가공무원법」 조항은 선거의 공정성을 확보하기 위한 것이므로 공무원의 정치적 의사표현의 자유를 침해하지 않는다.
④ 공무원의 정당 가입이 허용된다면, 공무원의 정치적 행위가 직무 내의 것인지 직무 외의 것인지 구분하기 어려운 경우가 많고, 설사 공무원이 근무시간 외에 혹은 직무와 관련 없이 정당과 관련된 정치적 표현행위를 하더라도 공무원의 정치적 중립성에 대한 국민의 기대와 신뢰는 유지되기 어렵다.

15. 공무담임권에 관한 설명으로 가장 옳지 않은 것은? (다툼이 있는 경우 판례에 의함)

① 국가공무원이 피성년후견인이 된 경우 당연퇴직되도록 한 구 「국가공무원법」 제69조 제1호 중 제33조 제1호 가운데 '피성년후견인'에 관한 부분은 공무담임권을 침해한다.

② 취업지원 실시기관 채용시험의 가점 적용대상에서 보국수훈자의 자녀를 제외하는 법 개정을 하면서, 가까운 장래에 보국수훈자의 자녀가 되어 채용시험의 가점을 받게 될 것이라는 신뢰를 장기간 형성해 온 사람에 대하여 경과조치를 두지 않은 「국가유공자 등 예우 및 지원에 관한 법률」 부칙 규정은 공무담임권을 침해하지 않는다.

③ 지방자치단체의 장이 금고 이상의 형을 선고받고 그 형이 확정되지 아니한 경우 부단체장이 그 권한을 대행하도록 규정한 구 「지방자치법」의 조항은 지방자치단체의 장의 공무담임권을 침해한다.

④ 「국가공무원법」 제33조 제6호의4 나목 중 「아동복지법」 제17조 제2호 가운데 '아동에게 성적 수치심을 주는 성희롱 등의 성적 학대행위로 형을 선고받아 그 형이 확정된 사람은 「국가공무원법」 제2조 제2항 제1호의 일반직공무원으로 임용될 수 없도록 한 것'은 공무담임권을 침해하지 않는다.

16. 공무담임권에 관한 설명으로 가장 옳지 않은 것은? (다툼이 있는 경우 판례에 의함)

① 공무담임권의 보장은 모든 국민이 현실적으로 국가나 공공단체의 직무를 담당할 수 있다고 하는 의미가 아니라, 국민이 공무담임에 관한 자의적이지 않고 평등한 기회를 보장받는 것, 즉 공직취임의 기회를 자의적으로 배제당하지 않음을 의미하며, 공무담임권의 보호영역에는 공직취임 기회의 자의적인 배제와 공무원 신분의 부당한 박탈 등이 포함된다.

② 교육의원후보자가 되려는 사람으로 하여금 5년 이상의 교육경력 또는 교육행정경력을 갖추도록 규정한 법률조항은 전문성이 담보된 교육의원이 교육위원회의 구성원이 되도록 하여 헌법 제31조 제4항이 보장하고 있는 교육의 자주성·전문성·정치적 중립성을 보장하면서도 지방자치의 이념을 구현하기 위한 것으로서 공무담임권을 침해하는 것이라 볼 수 없다.

③ 후보자가 되고자 하는 자가 당해 선거구 안에 있는 단체 등에 기부행위를 하는 경우 처벌하도록 규정한 「공직선거법」 조항은, 공무담임권의 제한이 아니다.

④ 과거 3년 이내의 당원 경력을 법관 임용 결격사유로 정하고 있는 「법원조직법」 조항은 청구인의 공무담임권을 침해하지 않는다.

17. 다음 중 판례의 내용으로 옳지 않은 것은? (다툼이 있는 경우 판례에 의함)

① 청구인이 공동거주자의 지위에 있고 사실상 평온을 해치는 방법으로 공동주거에 들어간 사실이 인정되지 않음에도 불구하고, 주거침입 피의사실이 인정됨을 전제로 기소유예처분을 한 것은 자의적인 검찰권 행사가 아니다.
② 헌법재판소는 공익상 필요하다고 인정할 때에는 국선대리인을 선임할 수 있다.
③ 「헌법재판소법」 제68조 제2항에 따른 헌법소원심판은 행정기관도 제기할 수 있다.
④ 개별적으로 대면하여 말로 하는 선거운동을 금지하는 것은 헌법에 위반된다.

청원권

18. 청원권에 관한 설명으로 가장 옳지 않은 것은? (다툼이 있는 경우 판례에 의함)

① 청원권의 행사는 자신이 직접 하든 제3자인 중개인이나 대리인을 통해서 하든 청원권으로서 보호된다.
② 「청원법」상 청원기관의 장은 청원을 접수한 때에는 특별한 사유가 없으면 60일 이내에 처리결과를 청원인에게 알려야 한다.
③ 청원권의 보호범위에는 청원사항의 처리결과에 심판서나 재결서에 준하여 이유를 명시할 것까지를 요구하는 것은 포함되지 않는다.
④ 「청원법」상 국민은 공무원의 위법·부당한 행위에 대한 시정이나 징계의 요구에 대하여 청원기관에 청원할 수 있다.

19. 청원권에 관한 설명으로 가장 옳지 않은 것은? (다툼이 있는 경우 판례에 의함)

① 정부에 제출 또는 회부된 정부의 정책에 관계되는 청원의 심사는 국무회의의 심의를 거쳐야 한다.
② 로비스트와 같은 중개자나 알선자를 통해 자신의 의견이나 자료를 제출할 수 있도록 허용하는 것은, 국민주권과는 관계가 없다.
③ 지방의회에 청원을 할 때 지방의회 의원의 소개를 얻도록 한 조항은 청원권을 침해하지 않는다.
④ 청원사항의 처리내용이 청원인이 기대하는 바에 미치지 않는다고 하더라도 헌법소원의 대상이 되는 공권력의 행사 내지 불행사라고 볼 수 없으므로 헌법소원의 대상이 되지 않는다.

재판청구권

20. 재판을 받을 권리에 관한 설명으로 가장 옳지 않은 것은? (다툼이 있는 경우 판례에 의함)

① 국민참여재판은 사법권의 민주적 정당성을 위한 것으로서 모든 국가권력이 국민의 의사에 기초해야 한다는 국민주권주의에 근거하고 있다.

② 구 「민주화운동 관련자 명예회복 및 보상 등에 관한 법률」 제18조 제2항의 '민주화운동과 관련하여 입은 피해' 중 불법행위로 인한 정신적 손해를 규정하지 않은 것은 국가의 기본권보호의무를 규정한 헌법 제10조 제2문의 취지에도 반하지 않는다.

③ 법률이 국민참여재판 신청권을 부여하면서 단독판사 관할사건으로 재판받는 피고인과 합의부 관할사건으로 재판받는 피고인을 다르게 취급하는 것은 합리적인 이유가 있다.

④ 헌법과 법률이 정한 법관에 의한 재판을 받을 권리는 직업법관에 의한 재판을 주된 내용으로 하는 것이므로 국민참여재판을 받을 권리는 그 보호범위에 속하지 않는다.

청구권적 기본권 ~ 국민의 기본적 의무

재판청구권

01. 재판을 받을 권리에 관한 설명으로 가장 옳지 않은 것은? (다툼이 있는 경우 판례에 의함)

① 군사법원의 항소심 재판은 고등군사법원에서 심판한다.
② 군사법원의 상고심 재판은 대법원에서 심판한다.
③ 국민참여재판을 받을 권리를 합의부 사건으로 하는 것에 대한 평등권 심사기준은 완화된 심사기준이다.
④ 재판을 받을 권리는 적어도 한 번의 사실심과 법률심을 받을 권리이다.

02. 재판청구권에 관한 설명으로 가장 옳지 않은 것은? (다툼이 있는 경우 판례에 의함)

① 재판청구권은 공권력이나 사인에 의해서 기본권이 침해당하거나 침해당할 위험에 처해 있을 경우 이에 대한 구제나 그 예방을 요청할 수 있는 권리라는 점에서 다른 기본권의 보장을 위한 기본권이라는 성격을 가진다.
② 형사피해자는 법률이 정하는 바에 의하여 당해 사건의 재판절차에서 진술할 수 있다.
③ 국회가 선출하여 임명된 헌법재판소 재판관 중 공석이 발생한 경우, 국회는 공석인 재판관의 후임자를 선출하여야 할 헌법상 작위의무가 있는 것은 아니다.
④ 헌법상 보장되는 기본권인 '공정한 재판을 받을 권리'에는 '공정한 헌법재판을 받을 권리'도 포함된다.

03. 재판청구권에 관한 설명으로 옳은 것(○)과 옳지 않은 것(×)을 바르게 조합한 것은? (다툼이 있는 경우 판례에 의함)

> ㄱ. 법관에 대한 대법원장의 징계처분 취소청구소송을 대법원에 의한 단심재판에 의하도록 규정하였더라도, 이는 법관이라는 지위 및 법관에 대한 징계절차의 특수성을 감안하여 재판의 신속을 도모하기 위한 것으로서 그 합리성을 인정할 수 있으므로 이로 인하여 해당 법관의 재판청구권이 침해된다고 볼 수 없다.
> ㄴ. 압수물은 공소사실을 입증하고자 하는 검사의 이익을 위해 존재하는 것이므로, 수사기관이 현행범 체포과정에서 압수하였지만 피고인의 소유권 포기가 없는 압수물을 임의로 폐기한 행위가 피고인의 공정한 재판을 받을 권리를 침해한다고 볼 수 없다.
> ㄷ. 범죄인 인도절차는 본질적으로 형사소송절차적 성격을 갖는 것이고 재판절차로서의 형사소송절차는 당연히 상급심에의 불복절차를 포함하는 것이므로, 범죄인 인도심사를 서울고등법원의 전속관할로 하고 그 결정에 대하여 대법원에의 불복절차를 인정하지 않는 법률조항은 범죄인의 재판청구권을 침해한다.
> ㄹ. 피고인에게 치료감호에 대한 재판절차에의 접근권을 부여하는 것이 피고인의 권리를 보다 효율적으로 보장하기 위하여 필요하다고 인정되므로 '피고인 스스로 치료감호를 청구할 수 있는 권리' 역시 재판청구권의 보호범위에 포함된다.

	ㄱ	ㄴ	ㄷ	ㄹ
①	○	○	×	○
②	○	×	○	×
③	○	×	×	×
④	×	×	○	○

04. 다음 설명 중 가장 옳지 않은 것은? (다툼이 있는 경우 판례에 의함)

① 청구인의 변호인이 국가보안법위반죄로 구속기소된 청구인의 변론준비를 위하여 피청구인인 검사에게 그가 보관 중인 수사기록 일체에 대한 열람·등사신청을 하였으나, 피청구인은 국가기밀의 누설이나 증거인멸, 증인협박, 사생활침해의 우려 등 정당한 사유를 밝히지 아니한 채 이를 전부 거부한 것은 청구인의 신속·공정한 재판을 받을 권리와 변호인의 조력을 받을 권리를 침해하는 것으로 헌법에 위반된다.

② 검사가 법원의 증인으로 채택된 수감자를 그 증언에 이르기까지 거의 매일 검사실로 하루종일 소환하여 피고인측 변호인이 접근하는 것을 차단하고, 검찰에서의 진술을 번복하는 증언을 하지 않도록 회유·압박하는 한편, 때로는 검사실에서 그에게 편의를 제공하기도 한 행위는 피고인의 공정한 재판을 받을 권리를 침해한다.

③ 상속개시 후 인지에 의하여 공동상속인이 된 자가 다른 공동상속인에 대해 그 상속분에 상당한 가액의 지급에 관한 청구권(상속분가액지급청구권)을 행사하는 경우에도 상속회복청구권에 관한 10년의 제척기간을 적용하도록 한「민법」조항은 헌법에 위반되지 아니한다.

④ 정식재판청구기간을 '약식명령의 고지를 받은 날로부터 7일 이내'로 정하고 있는「형사소송법(1954. 9.23. 법률 제341호로 제정된 것)」제453조 제1항 중 피고인에 관한 부분이 합리적인 입법재량의 범위를 벗어나 약식명령 피고인의 재판청구권을 침해한다고 볼 수 없다.

국가배상청구권

05. 다음 설명 중 가장 옳지 않은 것은? (다툼이 있는 경우 판례에 의함)

①「국가배상법」제2조 소정의 '공무원'이라 함은「국가공무원법」이나「지방공무원법」에 의하여 공무원으로서의 신분을 가진 자에 국한하지 않고, 널리 공무를 위탁받아 실질적으로 공무에 종사하고 있는 일체의 자를 가리키는 것이라고 봄이 상당하다.

② 인체면역결핍바이러스에 감염된 사람이 혈액 또는 체액을 통하여 다른 사람에게 전파매개행위를 하는 것을 금지하고 이를 위반한 경우 3년 이하의 징역형으로 처벌한다고 규정한「후천성면역결핍증 예방법」은 헌법에 위반된다.

③ 대법원은 국회의원의 입법행위는 그 입법 내용이 헌법의 문언에 명백히 위반됨에도 불구하고 국회가 굳이 당해 입법을 한 것과 같은 특수한 경우가 아닌 한「국가배상법」제2조 제1항 소정의 위법행위에 해당되지 않는다고 보았다.

④ 청구인이 검사의 '무혐의' 불기소처분으로 말미암아 헌법상 보장된 재판절차진술권을 침해받았다고 주장하여 그 취소를 구하는 헌법소원심판을 청구할 수 있기 위하여는 헌법 제27조 제5항에 의하여 재판절차진술권이 보장되는 형사피해자여야 한다.

06. 국가배상청구권에 관한 설명으로 가장 옳은 것은? (다툼이 있는 경우 판례에 의함)

① 신청인이 동의한 때 배상심의회의 배상결정에 「민사소송법」 규정에 의한 재판상의 화해 효력을 부여한 것은 행정상의 손해배상에 관한 분쟁을 신속히 종결·이행시키기 위한 것으로 헌법에 위반되지 아니한다.
② 직무집행과 관련하여 공상을 입은 군인 등이 먼저 「국가배상법」에 따라 손해배상금을 지급받은 다음 「보훈보상대상자 지원에 관한 법률」이 정한 보상금 등 보훈급여금의 지급을 청구하는 경우, 「국가배상법」에 따라 손해배상을 받았다는 이유로 그 지급을 거부할 수 있다.
③ 국가배상 성립요건의 공무원 개념은 국가공무원과 지방공무원의 신분을 가진 자에 한하고 공무를 수탁받은 사인(私人)은 해당하지 않는다.
④ 긴급조치 제9호의 적용·집행으로 강제수사를 받거나 유죄판결을 선고받고 복역함으로써 개별 국민이 입은 손해에 대해서는 국가배상책임이 인정될 수 있다.

07. 국가배상청구권에 관한 설명으로 옳지 않은 것은? (다툼이 있는 경우 판례에 의함)

① 대법원은 공무원이 직무수행 중 불법행위로 타인에게 손해를 입힌 경우에 국가 등이 국가배상책임을 부담하는 외에는 공무원 개인은 고의 또는 중과실이 있는 경우에 한하여 불법행위로 인한 손해배상책임을 진다고 해석하는 것이 헌법 제29조 제1항 본문과 단서 및 「국가배상법」 제2조의 입법취지에 조화되는 올바른 해석이라고 판시하였다.
② 대법원은 현역병으로 입영하여 소정의 군사교육을 마치고 전입되어 경비교도로 임용된 자는 「국가배상법」 제2조 제1항 단서 소정의 군인에 해당하므로 국가배상청구권을 행사할 수 없다고 판시하였다.
③ 대법원은 공동불법행위자인 민간인은 피해 군인이 입은 손해의 일부에 대해서 국가 등이 민간인에 구상의무를 부담한다면 그 내부적인 관계에서 부담하여야 할 부분을 제외한 나머지 자신의 부담부분에 한하여 손해배상의무를 부담하고, 국가 등에 대하여는 그 귀책부분의 구상을 청구할 수 없다고 판시하였다.
④ 헌법재판소는 국가배상청구권에 대해서 민법상의 소멸시효에 관한 규정을 준용하는 것은 정당한 제한이며, 국가배상청구권의 본질적인 내용의 침해도 아니고 과잉금지원칙에 위배되지도 않는다고 판시하였다.

형사보상청구권

08. 형사보상청구권에 관한 설명으로 옳지 않은 것은? (다툼이 있는 경우에는 판례에 의함)

① 법원의 재심에 의하여 무죄판결을 받았더라도 원심판결 당시 불구속상태에서 재판을 받았던 자는 형사보상을 청구할 수 없다.
② 형사보상청구인으로 하여금 국가가 결정한 형사보상결정에 불복할 수 없도록 하는 것은 재판청구권의 본질적 내용을 침해하는 것이다.
③ 형사보상은 '정당한 보상'이어야 하며, '정당한 보상'의 내용과 범위는 재산권 침해의 경우 행해지는 '정당한 보상'과 원칙적으로 같은 의미이다.
④ 거짓 자백이나 다른 유죄의 증거를 만듦으로써 미결구금상태에 있게 된 경우는 면소판결을 받더라도 형사보상을 청구할 수 없다.

사회적 기본권의 의의

09. 사회적 기본권에 관한 설명으로 옳지 않은 것은? (다툼이 있는 경우 판례에 의함)

① 「국민기초생활 보장법 시행령」상 '대학원에 재학 중인 사람'과 '부모에게 버림받아 부모를 알 수 없는 사람'을 조건 부과 유예의 대상자에 포함시키지 않았다는 사정만으로 국가가 인간다운 생활을 보장하기 위한 조치를 취함에 있어서 실현해야 할 객관적 내용의 최소한도 보장에 이르지 못하였다거나 헌법상 용인될 수 있는 재량의 범위를 명백히 일탈하였다고는 보기 어렵다.
② 지뢰피해자 및 그 유족에 대한 위로금 산정 시 사망 또는 상이를 입을 당시의 월평균임금을 기준으로 하고, 그 기준으로 산정한 위로금이 2천만 원에 이르지 아니할 경우 2천만 원을 초과하지 아니하는 범위에서 조정 지급할 수 있도록 한 「지뢰피해자 지원에 관한 특별법」 조항은 인간다운 생활을 할 권리를 침해한다고 볼 수 없다.
③ 태어난 즉시 '출생등록될 권리'는 자유권적 성격은 있지만 사회적 기본권의 성격은 인정되지 않는다.
④ 산업재해 피해 근로자에게 인정되는 산재보험수급권은 입법재량권의 행사에 의하여 제정된 「산업재해보상보험법」에 의하여 비로소 구체화되는 '법률상의 권리'이며, 개인에게 국가에 대한 사회보장·사회복지 또는 재해예방 등과 관련된 적극적 급부청구권이 인정되는 것은 아니다.

교육을 받을 권리와 교육제도

10. 교육기본권에 관한 설명으로 옳지 않은 것은? (다툼이 있는 경우 판례에 의함)

① 정상적인 학사운영이 불가능한 경우 교육과학기술부장관이 학교폐쇄를 명할 수 있다고 규정한 구 「고등교육법」 제62조 제1항 제1호 및 제2호와 학교법인이 목적의 달성이 불가능한 때 교육과학기술부장관이 학교법인에 대하여 해산을 명할 수 있다고 규정한 구 「사립학교법」 제47조 제1항 제2호는 헌법에 위반되지 않는다.
② 고시 공고일을 기준으로 고등학교에서 퇴학된 날로부터 6월이 지나지 아니한 자를 고등학교 졸업학력 검정고시를 받을 수 있는 자의 범위에서 제외하는 것은, 국민의 교육을 받을 권리 중 그 의사와 능력에 따라 균등하게 교육받을 것을 국가로부터 방해받지 않을 권리, 즉 자유권적 기본권을 제한하는 것이므로, 그 제한에 대하여는 과잉금지원칙에 따른 심사를 하여야 한다.
③ 「교육공무원법」 제10조의4 중 미성년자에 대하여 성범죄를 범하여 형을 선고받아 확정된 자와 성인에 대한 성폭력범죄를 범하여 벌금 100만 원 이상의 형을 선고받아 확정된 자는 「초·중등교육법」상의 교원에 임용될 수 없도록 한 부분은 청구인의 공무담임권을 침해한다.
④ 교육을 받을 권리가 국가에 대하여 특정한 교육제도나 시설의 제공을 요구할 수 있는 권리를 뜻하는 것은 아니다.

11. 교육을 받을 권리에 관한 설명으로 옳지 않은 것은? (다툼이 있는 경우 판례에 의함)

① 검정고시응시자격을 제한하는 것은 국민의 교육받을 권리 중 그 의사와 능력에 따라 균등하게 교육받을 것을 국가로부터 방해받지 않을 권리를 제한하는 것이므로 그 제한에 대하여는 과잉금지원칙에 따른 심사를 받아야 한다.
② 의무교육 대상인 중학생의 학부모에게 급식 관련 비용 일부를 부담하도록 규정한 구 「학교급식법」의 조항은 헌법상 의무교육 무상의 원칙에 반한다.
③ 헌법 제31조 제3항에 규정된 의무교육 무상의 원칙에 있어서 무상의 범위는 헌법상 교육의 기회균등을 실현하기 위해 필수불가결한 비용, 즉 모든 학생이 의무교육을 받음에 있어서 경제적인 차별 없이 수학하는 데 반드시 필요한 비용에 한한다.
④ 헌법 제31조 제1항이 보장하는 국민의 교육을 받을 권리로부터 국가 및 지방자치단체에게 사립유치원에 대한 교사 인건비, 운영비 및 영양사 인건비를 예산으로 지원하라는 작위의무가 도출되는 것은 아니다.

근로의 권리

12. 교육 및 근로 기본권에 관한 설명으로 옳지 않은 것은? (다툼이 있는 경우 판례에 의함)

① 노동조합 전임자의 급여를 지원하는 행위를 금지하는 「노동조합 및 노동관계조정법」 제81조 제4호 본문 중 '노동조합의 전임자에게 급여를 지원하는 행위' 부분은 과잉금지원칙에 위배된다.

② 초·중등학교의 교육공무원이 정치단체의 결성에 관여하거나 이에 가입하는 행위를 금지한 「국가공무원법」 제65조 제1항 부분은 헌법에 위반되지만, 초·중등학교의 교육공무원이 정당의 발기인 및 당원이 될 수 없도록 규정한 「정당법」 제22조 제1항 단서 제1호 부분은 청구인들의 정당가입의 자유 등을 침해하지 않는다.

③ 노동조합을 지배·개입하는 행위를 금지하는 「노동조합 및 노동관계조정법」 제81조 제4호 본문 중 '근로자가 노동조합을 조직 또는 운영하는 것을 지배하거나 이에 개입하는 행위' 부분은 죄형법정주의의 명확성원칙에 위배되지 않는다.

④ 특수경비원의 '파업·태업 그 밖에 경비업무의 정상적인 운영을 저해하는 일체의 쟁의행위'를 금지하는 「경비업법」 제15조 제3항은 헌법에 위반되지 않는다.

13. 사회적 기본권에 관한 설명으로 옳지 않은 것은? (다툼이 있는 경우 판례에 의함)

① 4주간을 평균하여 1주간의 소정근로시간이 15시간 미만인 근로자, 즉 이른바 '초단시간근로자'를 퇴직급여제도의 적용대상에서 제외하고 있는 「근로자퇴직급여 보장법」 제4조 제1항 단서 중 '4주간을 평균하여 1주간의 소정근로시간이 15시간 미만인 근로자'에 관한 부분은 헌법에 위반되지 않는다.

② 경과실의 범죄로 인한 사고는 개념상 우연한 사고의 범위를 벗어나지 않으므로 경과실로 인한 범죄행위에 기인하는 보험사고에 대하여 의료보험급여를 부정하는 것은 우연한 사고로 인한 위험으로부터 다수의 국민을 보호하고자 하는 사회보장제도로서의 의료보험의 본질을 침해하여 헌법에 위반된다.

③ 국가가 인간다운 생활을 보장하기 위한 헌법적 의무를 다하였는지의 여부가 사법적 심사의 대상이 된 경우에는, 국가가 생계보호에 관한 입법을 전혀 하지 아니하였다든가 그 내용이 현저히 불합리하여 헌법상 용인될 수 있는 재량의 범위를 명백히 일탈한 경우에 한하여 인간다운 생활을 할 권리를 보장한 헌법에 위반된다고 할 수 있다.

④ 공무원에게 재해보상을 위하여 실시되는 급여의 종류로 일반 근로자에 대한 「산업재해보상보험법」과 달리 휴업급여 또는 상병보상연금 규정을 두고 있지 않은 「공무원 재해보상법」 제8조는 헌법에 위반된다.

근로3권

14. 근로에 관한 설명으로 옳지 않은 것은? (다툼이 있는 경우 판례에 의함)

① 국가기관이나 지방자치단체 이외의 곳에서 근무하는 청원경찰은 사용자인 청원주와의 고용계약에 의한 근로자일 뿐, 국민 전체에 대한 봉사자로서 국민에 대하여 책임을 지며 그 신분과 정치적 중립성이 법률에 의해 보장되는 공무원 신분이 아니므로, 이러한 청원경찰에게는 기본적으로 근로3권이 보장되어야 한다.

② 「고등교육법」에서 규율하는 대학 교원들에게 단결권을 인정하지 않는 것은, 교원노조를 설립하거나 가입하여 활동할 수 있는 자격을 초·중등교원으로 한정함으로써 교육공무원 아닌 대학 교원에 대해서 근로기본권의 핵심인 단결권조차 부정한 것으로 목적의 정당성을 인정할 수 없고, 수단의 적합성도 인정할 수 없다.

③ 택시운전근로자의 최저임금에 산입되는 범위를 정한 「최저임금법」 제6조 제5항 중 '생산고에 따른 임금을 제외한' 부분은 헌법에 위반된다.

④ 노동조합에 대한 단체교섭권 보장은 사회적 약자인 근로자가 사용자와의 사이에서 대등성을 확보하여 적정한 근로조건을 형성할 수 있도록 하는 수단이므로, 반드시 사업장 내 모든 노동조합에 각각 단체교섭권을 보장하여야 하는 것은 아니다.

15. 근로자의 기본권에 관한 설명으로 가장 옳지 않은 것은? (다툼이 있는 경우 판례에 의함)

① 복수 노동조합이 구성된 경우 교섭대표노동조합을 통해 교섭하도록 하고 일정 기간 내에 자율적으로 교섭대표노동조합을 정하지 못할 경우 과반수 노동조합이 교섭대표노동조합이 되며, 교섭대표노동조합만이 쟁의행위를 주도할 수 있도록 규정한 「노동조합 및 노동관계조정법」은 헌법에 위반된다.

② 근로자의 날을 관공서의 공휴일에 정하지 않은 「관공서의 공휴일에 관한 규정」 제2조 본문은 공무원인 청구인들의 평등권 등을 침해하지 않는다.

③ 정직일수를 연가일수에서 공제하도록 규정하고 있는 「국가공무원복무규정」 제17조 제1항은 근로의 권리를 침해하지 않는다.

④ 노동관계 당사자가 쟁의행위를 함에 있어서는 그 목적, 방법 및 절차상의 한계를 벗어나지 아니한 범위 안에서 관계자들의 민사상 및 형사상 책임이 면제된다.

16. 근로기본권에 관한 설명으로 옳지 않은 것은? (다툼이 있는 경우 판례에 의함)

① 헌법은 여자 및 연소자·장애인의 근로의 특별한 보호와 최저임금제의 시행에 관하여 규정하고 있다.
② 합리적 이유 없이 '월급근로자로서 6개월이 되지 못한 자'를 해고예고제도의 적용대상에서 제외한 것은 근무기간이 6개월 미만인 월급근로자의 근로의 권리를 침해하고, 평등원칙에도 위배된다.
③ 축산업 근로자에 대하여 「근로기준법」상 근로시간, 휴일 조항의 적용을 제외하는 구 「근로기준법」 조항 중 근로자에게 「근로기준법」 제4장의 근로시간 및 휴일에 관한 조항을 적용하지 않도록 한 구 「근로기준법」 제63조 제2호는 헌법에 위반되지 않는다.
④ 근로의 권리로부터 국가에 대한 직접적인 직장존속청구권을 도출할 수는 없다.

환경권

17. 환경권에 관한 설명으로 가장 옳지 않은 것은 모두 몇 개인가? (다툼이 있는 경우 판례에 의함)

ㄱ. 「탄소중립기본법」 제8조 제1항은 2031년부터 2049년까지의 감축목표에 관하여 그 정량적 수준을 제시하지 않았어도 환경권을 침해하는 것은 아니다.
ㄴ. 환경권을 행사함에 있어 국민은 국가로부터 건강하고 쾌적한 환경을 향유할 수 있는 자유를 침해당하지 않을 권리를 행사할 수 있고, 일정한 경우 국가에 대하여 건강하고 쾌적한 환경에서 생활할 수 있도록 요구할 수 있는 권리가 인정되기도 하는 바, 환경권은 그 자체 종합적 기본권으로서의 성격을 지닌다.
ㄷ. 환경침해는 사인에 의해서 빈번하게 유발되므로 입법자가 그 허용범위에 관해 정할 필요가 있는 점, 환경피해는 생명·신체의 보호와 같은 중요한 기본권적 법익 침해로 이어질 수 있는 점 등을 고려할 때, 일정한 경우 국가는 사인인 제3자에 의한 국민의 환경권 침해에 대해서도 적극적으로 기본권 보호조치를 취할 의무를 부담한다.
ㄹ. 국가가 국민의 건강하고 쾌적한 환경에서 생활할 권리에 관한 보호의무를 다하지 않았는지를 헌법재판소가 심사할 때에는 국가가 이를 보호하기 위하여 적절하고 효율적인 최대한의 보호조치를 취하였는가 여부를 기준으로 삼아야 한다.

① 1개　　② 2개　　③ 3개　　④ 4개

18. "혼인과 가족생활은 개인의 존엄과 양성의 평등을 기초로 성립되고 유지되어야 하며, 국가는 이를 보장한다."라고 규정하고 있는 헌법 제36조 제1항에 관한 설명으로 옳지 않은 것은? (다툼이 있는 경우 판례에 의함)

① 헌법 제36조 제1항은 혼인과 가족에 관련되는 기본권이고 제도보장이지만, 공법 및 사법의 모든 영역에 영향을 미치는 헌법원리라고 할 수는 없다.

② 헌법 제36조 제1항의 헌법원리로부터 도출되는 차별금지의 명령은 헌법 제11조 제1항에서 보장되는 평등원칙을 혼인과 가족생활영역에서 더욱 구체화함으로써 혼인과 가족을 부당한 차별로부터 특별히 더 보호하려는 목적을 가진다.

③ 헌법 제36조 제1항은 혼인제도와 가족제도에 관한 헌법원리를 규정한 것으로서 혼인제도와 가족제도는 인간의 존엄성 존중과 민주주의의 원리에 따라 규정되어야 함을 천명한 것이다.

④ 헌법 제36조 제1항은 적극적으로는 적절한 조치를 통해서 혼인과 가족을 지원하고 제3자에 의한 침해 앞에서 혼인과 가족을 보호해야 할 국가의 과제를 포함하며, 소극적으로는 불이익을 야기하는 제한조치를 통해서 혼인과 가족을 차별하는 것을 금지해야 할 국가의 의무를 포함한다.

국민의 기본적 의무

19. 출생등록에 관한 설명으로 가장 옳지 않은 것은? (다툼이 있는 경우 판례에 의함)

① 태어난 즉시 '출생등록될 권리'는 '출생 후 아동이 보호를 받을 수 있을 최대한 빠른 시점'에 아동의 출생과 관련된 기본적인 정보를 국가가 관리할 수 있도록 등록할 권리이다.

② '출생등록될 권리'는 헌법에 명시되지 아니한 독자적 기본권으로서, 자유로운 인격실현을 보장하는 자유권적 성격과 아동의 건강한 성장과 발달을 보장하는 사회적 기본권의 성격을 함께 지닌다.

③ 태어난 즉시 '출생등록될 권리'는 입법자가 출생등록제도를 통하여 형성하고 구체화하여야 할 권리이며, 입법자는 출생등록제도를 형성함에 있어 단지 출생등록의 이론적 가능성을 허용하는 것에 그쳐서는 아니되며, 실효적으로 출생등록될 권리가 보장되도록 하여야 한다.

④ 혼인 중인 여자와 남편 아닌 남자 사이에서 출생한 자녀의 경우에 모와 생부를 차별하여 혼인 외 출생자의 신고의무를 모에게만 부과하고, 남편 아닌 남자인 생부에게 자신의 혼인 외 자녀에 대해서 출생신고를 하도록 규정하지 아니한 것은 합리적인 이유가 없어 생부의 평등권을 침해한다.

20. 국방의 의무에 관한 설명으로 가장 옳지 않은 것은? (다툼이 있는 경우 판례에 의함)

① 헌법 제39조 제1항에서 규정하는 국방의 의무는 「향토예비군설치법」, 「민방위기본법」, 「비상대비자원관리법」 등에 의한 간접적인 병력형성의무 및 병력형성 이후 군작전명령에 복종하고 협력하여야 할 의무를 포함하지 않는다.

② 입법자는 국가의 안보상황, 재정능력 등의 여러 가지 사정을 고려하여 국가의 독립을 유지하고 영토를 보전함에 필요한 범위 내에서 병역의무를 부과할 수 있다.

③ 병역의무를 이행하는 군인과 국가 사이에는 공법상 근무관계, 즉 병역의무관계가 성립하며, 병(兵)도 군인이자 공무원이므로 정치적 중립의무가 있다.

④ 현역을 마친 예비역이 「병역법」에 의하여 병력동원훈련 등을 위하여 소집되어 실역에 복무하는 동안 「군형법」의 적용을 받는 것은 헌법 제39조 제2항에서 규정한 '병역의무의 이행에 따른 불이익'에 해당하지 않는다.

경찰헌법

2순환 ≫ 2주
반범위 문제

❶주차 | 헌법과 헌법학 ~ 기본권 총론　　　　　　　86
　　　　　인간의 존엄과 가치·행복추구권·평등권 ~
　　　　　자유권적 기본권　　　　　　　　　　　　94
❷주차 | 자유권적 기본권　　　　　　　　　　　　104
　　　　　자유권적 기본권 ~ 국민의 기본적 의무　　114

헌법과 헌법학 ~ 기본권 총론

01. 헌법해석 및 합헌적 법률해석에 관한 설명으로 옳지 <u>않은</u> 것은? (다툼이 있는 경우 판례에 의함)

① 종업원의 위반행위에 대하여 양벌조항으로서 개인인 영업주까지 처벌하는 규정을 영업주의 선임감독상의 과실이 인정되는 것으로 해석하는 것은 가능하다.

② 일반 응시자의 공무담임권과의 관계를 고려할 때 헌법 제32조 제6항의 문언은 엄격하게 해석할 필요가 있고, 헌법 제32조 제6항에 따라 우선적인 근로의 기회를 부여받는 대상자는 '국가유공자', '상이군경', 그리고 '전몰군경의 유가족'이라고 보아야 한다.

③ 합헌적 법률해석은 법률에 대한 특정한 해석방법을 위헌적인 것으로 배제함으로써 실질적으로 '해석에 의한 법률의 부분적 폐지'를 의미하므로, 법률에 대하여 실질적인 일부위헌선언을 함으로써 법률을 수정하는 권한은 규범통제에 관한 독점적인 권한을 부여받은 헌법재판소에 유보되어야 한다.

④ 합헌적 해석은 무제한 허용될 수 없으므로 문의적 한계, 법목적적 한계, 헌법수용적 한계에 의한 제한이 있다.

02. 헌법의 제정과 개정에 관한 설명으로 옳지 <u>않은</u> 것은?

① 시예스에 따르면 헌법제정권력의 주체는 오직 국민뿐이며, 슈미트에 따르면 헌법제정권력의 주체는 이론적으로 개인, 소수인 또는 국민이 될 수 있다고 한다.

② 통합주의는 헌법의 근본가치를 헌법개정의 한계로 본다.

③ 법실증주의자들은 헌법개정의 한계를 부정하는데, 그 이유의 하나로서 헌법전 내의 모든 규정은 서열이 동등하다고 보기 때문이다.

④ 슈미트에 의하면 우리헌법을 입헌군주국으로 변경하는 헌법개정도 가능하다.

03. 헌법개정에 관한 설명으로 옳지 <u>않은</u> 것은?

① 대통령의 임기연장 또는 중임변경을 위한 헌법개정은 그 헌법개정 제안 당시의 대통령에 대하여는 효력이 없다.

② 국회는 헌법개정안의 공고기간이 만료된 날로부터 60일 이내에 헌법개정안을 의결하여야 하며, 국회의 의결은 재적의원 3분의 2 이상의 찬성을 얻어야 한다.

③ 헌법개정안은 국회가 의결한 후 30일 이내에 국민투표에 붙여 국회의원 선거권자 과반수의 투표와 투표자 과반수의 찬성을 얻어야 한다.

④ 대통령이 헌법개정안을 발의하기 위해서는 국무회의 심의를 거쳐야 한다.

04. 역대 헌법에 관한 설명으로 옳지 않은 것은?

① 1952년 제1차 개정헌법에서 양원제 국회가 규정되었다.
② 근로자의 이익분배균점권은 건국헌법에 규정되어 제7차 개정헌법에서 삭제되었다.
③ 제2차 개정헌법에서 자유시장경제로 전환하였다.
④ 1980년 제8차 개정헌법에서 모든 국민은 깨끗한 환경에서 생활할 권리를 가지며, 국가와 국민은 환경보전을 위하여 노력하여야 한다고 규정하였다.

05. 대한민국 헌정사에 관한 설명으로 가장 옳은 것은? (다툼이 있는 경우 판례에 의함)

① 1960년 개정헌법에서는 국회가 양원제였으며, 국무총리가 국회해산권을 행사하였다.
② 1980년 개정헌법에서는 주권적 수임기관인 통일주체국민회의가 토론 없이 무기명투표로 대통령을 선거하며, 국회의원 정수의 3분의 1에 해당하는 수의 국회의원을 선거한다고 규정하였다.
③ 1972년 개정헌법에서는 인간의 존엄과 가치에 관한 규정을 처음 도입하였다.
④ 우리 헌법은 제헌헌법 이래 신체의 자유를 보장하는 규정을 두었는데, 원래 '구금'이라는 용어를 사용해 오다가 제5차 헌법개정 시에 이를 '구속'이라는 용어로 바꾸었다.

06. 국적에 관한 설명으로 옳지 않은 것은? (다툼이 있는 경우 판례에 의함)

① '품행이 단정할 것'이라는 외국인의 귀화허가요건은 귀화신청자를 대한민국의 새로운 구성원으로 받아들이는 데 지장이 없을 만한 품성과 행실을 갖춘 것을 의미하므로 명확성원칙에 위배되지 않는다.
② 법무부장관으로 하여금 거짓이나 그 밖의 부정한 방법으로 귀화허가를 받은 자에 대하여 그 허가를 취소할 수 있도록 하면서 그 취소권의 행사기간을 따로 정하고 있지 않은 것은 귀화허가 취소로 인한 불이익보다 국적 관련 행정의 적법성 확보라는 공익이 더 우월하여 과잉금지원칙에 위배되지 않는다.
③ 병역준비역에 편입된 복수국적자에게 편입된 때부터 3개월 이내에 하나의 국적을 선택하도록 하고, 그 기간이 경과하면 병역의무 해소 전에는 대한민국 국적에서 이탈할 수 없도록 하는 것은 병역준비역에 편입된 복수국적자에게 예외적으로 국적이탈을 허가하는 방안을 마련할 여지가 있다는 점에서 과잉금지원칙에 위배된다.
④ 직계존속(直系尊屬)이 외국에서 영주(永住)할 목적 없이 체류한 상태에서 출생한 자는 병역의무를 해소한 경우에만 국적이탈을 신고할 수 있도록 하는 구 「국적법」 제12조 제3항은 헌법에 위반된다.

07. 대한민국의 영토와 남북관계에 관한 설명으로 옳지 않은 것은? (다툼이 있는 경우에는 판례에 의함)

① 「남북 사이의 화해와 불가침 및 교류협력에 관한 합의서」는 남북한 당국이 각기 정치적인 책임을 지고 상호간에 그 성의 있는 이행을 약속한 것이기는 하나 법적 구속력이 있는 것은 아니어서 이를 국가 간의 조약 또는 이에 준하는 것으로 볼 수 없다.
② 남한과 북한의 UN 동시가입 그 자체만으로는 다른 가맹국과의 관계에 있어서도 당연히 상호간 국가승인이 있었다고 볼 수는 없으므로 북한지역이 대한민국 영토임에는 변함이 없다.
③ 대한민국에 귀순하는 북한주민은 국적을 취득하기 위한 「국적법」상의 별도의 취득절차를 거치지 아니하여도 당연히 대한민국 국민이 된다.
④ 북한의 주민이나 단체가 구 「외국환거래법」에서 말하는 '거주자'나 '비거주자'에 해당하는지에 관한 판단은 헌법 제3조의 영토조항과 관련이 있는 헌법적 문제이다.

08. 헌법 전문(前文)과 본문의 내용으로 옳지 않은 것은?

① 개인과 기업의 자유와 창의에 관한 규정은 헌법 본문에 있다.
② 국민의 책임과 의무 완수에 관한 규정은 헌법 전문에 있다.
③ 자손의 안전과 자유와 행복에 관한 규정은 헌법 전문에 있다.
④ 민족문화의 창달은 헌법 전문에 있다.

09. 헌법의 기본원리에 관한 설명으로 옳지 않은 것은? (다툼이 있는 경우 판례에 의함)

① 헌법의 기본원리는 헌법의 이념적 기초인 동시에 헌법을 지배하는 지도원리로서, 구체적 기본권을 도출하는 근거로 될 수는 없으나 기본권의 해석 및 기본권 제한 입법의 합헌성 심사에 있어 해석기준의 하나로서 작용한다.
② 헌법의 기본원리인 대의제 민주주의하에서 국회의원 선거권은 국민의 대표자인 국회의원을 선출하는 권리뿐만 아니라, 개별 유권자 혹은 집단으로서의 국민의 의사를 선출된 국회의원이 그대로 대리하여 줄 것을 요구할 수 있는 권리를 포함한다.
③ 자기책임의 원리는 인간의 자유와 유책성, 그리고 인간의 존엄성을 진지하게 반영한 원리로서 그것이 비단 민사법이나 형사법에 국한된 원리라기보다는 근대법의 기본이념으로서 법치주의에 당연히 내재하는 원리이다.
④ 우리 헌법은 사회국가원리를 명문으로 규정하고 있지는 않지만, 헌법의 전문, 사회적 기본권의 보장, 경제 영역에서 적극적으로 계획하고 유도하고 재분배하여야 할 국가의 의무를 규정하는 경제에 관한 조항 등과 같이 사회국가원리의 구체화된 여러 표현을 통하여 사회국가원리를 수용하고 있다.

10. 법치행정에 관한 설명으로 옳지 <u>않은</u> 것은? (다툼이 있는 경우 판례에 의함)

① 시장·군수·구청장이 지방자치단체의 조례로 정하는 바에 따라 일정한 구역을 지정·고시하여 가축의 사육을 제한할 수 있도록 한 「가축분뇨의 관리 및 이용에 관한 법률」은 포괄위임금지원칙에 위배된다.

② 오늘날의 법률유보원칙은 단순히 행정작용이 법률에 근거를 두기만 하면 충분한 것이 아니라, 국가공동체와 그 구성원에게 기본적이고도 중요한 의미를 갖는 영역에 있어서는 국민의 대표자인 입법자 스스로 그 본질적 사항에 대하여 결정하여야 한다는 요구까지 내포하는 것으로 이해되고 있다.

③ 법외노조 통보는 적법하게 설립된 노동조합의 법적 지위를 박탈하는 중대한 침익적 처분으로서 원칙적으로 국민의 대표자인 입법자가 스스로 형식적 법률로써 규정하여야 할 사항이고, 행정입법으로 이를 규정하기 위하여는 반드시 법률의 명시적이고 구체적인 위임이 있어야 한다.

④ 법인세, 종합소득세와 같이 납세의무자에게 조세의 납부의무뿐만 아니라 스스로 과세표준과 세액을 계산하여 신고하여야 하는 의무까지 부과하는 경우에는 신고의무 이행에 필요한 기본적인 사항과 신고의무 불이행 시 납세의무자가 입게 될 불이익 등은 납세의무를 구성하는 기본적, 본질적 내용으로서 법률로 정하여야 한다.

11. 포괄적 위임입법금지에 관한 설명으로 옳지 <u>않은</u> 것은? (다툼이 있는 경우에는 판례에 의함)

① 위임입법의 가능성을 명시하고 있는 헌법규정은 행정국가적 현실에서 폭증하는 행정과제의 신속하고 효율적인 처리를 위해서는 일정한 범위에서 행정부 스스로 법과 기준을 정하여 집행할 필요가 있다는 것을 인정하는 것이다.

② 입법자가 법률로써 확정하여야 하는 위임범위의 구체성의 정도는 법률에 이미 법규명령으로 규정될 내용 및 범위의 기본사항이 구체적으로 규정되어 있어서 누구라도 당해 법률로부터 대통령령에 규정될 내용의 대강을 예측할 수 있어야 함을 의미한다.

③ 위임입법의 법리는 헌법의 근본원리인 권력분립주의와 의회주의 내지 법치주의에 바탕을 두는 것이기 때문에 행정부에서 제정된 대통령령에서 규정한 내용이 정당한지 여부는 위임의 적법성과 직접적인 관계가 있다.

④ 위임입법의 구체성, 명확성의 정도는 그 규율대상의 종류와 성격에 따라 달라진다.

12. 헌법원리에 관한 설명으로 옳지 않은 것은? (다툼이 있는 경우에는 판례에 의함)

① 농지 소유자로 하여금 원칙적으로 농지의 위탁경영을 할 수 없도록 한 「농지법」 제9조는 헌법에 위반되지 않는다.
② 「공직선거법」 시행 전에 선거범으로 처벌받아 피선거권이 박탈된 자에 대하여 유리한 신법을 소급적용하지 않는 것은 헌법에 위반되지 않는다.
③ 헌법해석상 반드시 아동학대 관련 범죄에서 공소시효 폐지에 관한 법령을 제정할 입법자의 행위의무 또는 보호의무가 발생하였다고 볼 수 있다.
④ 군인으로 복무한 기간뿐만 아니라 그 전에 일반 공무원으로 재직한 경력까지 합산하여 군인연금을 지급하는 내용의 개정 「군인연금법」을 개정법 시행 전에 전역한 사람에게 소급적용하지 않는 것은 헌법에 위반되지 않는다.

13. 헌법의 기본원리에 관한 설명으로 가장 옳지 않은 것은? (다툼이 있는 경우 판례에 의함)

① 아파트 장기일반민간임대주택과 단기민간임대주택의 임대의무기간이 종료한 날 그 등록이 말소되도록 하는 구 「민간임대주택에 관한 특별법」 제6조 제5항이 임대사업자인 청구인들의 기본권을 침해하지 아니한다.
② 고위험자의 정의나 판단기준을 정하고 있지 않다고 하더라도, 시험장 출입 시 또는 시험 중에 37.5도 이상의 발열이나 기침 또는 호흡곤란 등의 호흡기 증상이 있는 응시자 중 국가시험 주관부서의 판단에 따른 고위험자를 의료기관에 일률적으로 이송하도록 하는 것은 피해의 최소성을 충족한다.
③ 「감염병의 예방 및 관리에 관한 법률」에 근거한 집합제한조치로 인하여 일반음식점 영업이 제한되어 영업이익이 감소되었다고 하더라도, 일반음식점 운영자가 소유하는 영업시설·장비 등에 대한 구체적인 사용·수익 및 처분권한을 제한받는 것은 아니므로, 보상규정의 부재가 일반음식점 운영자의 재산권을 제한한다고 볼 수 없다.
④ 코로나19 팬데믹 사태로 약사가 환자에게 의약품을 교부함에 있어 그 교부방식을 환자와 약사가 협의하여 결정할 수 있도록 한시적 예외를 인정하였다고 해도 의약품의 판매장소를 약국 내로 제한하는 것은 국민의 건강과 직접 관련된 보건의료 분야라는 점을 고려할 때, 과잉금지원칙을 위반하여 약국개설자의 직업수행의 자유를 침해한다고 볼 수 없다.

14. 국군에 관한 설명으로 옳지 <u>않은</u> 것은?

① 헌법상 국군의 사명은 국가의 안전보장과 국토방위의 신성한 의무를 수행하는 것이다.
② 국군의 정치적 중립성에 관한 사항은 1960년 제3차 헌법개정을 통해 처음으로 헌법에 규정되었다.
③ 국회는 국군의 외국에의 파견에 대한 동의권을 가진다.
④ 군인은 현역을 면한 후가 아니면 국무총리 또는 국무위원으로 임명될 수 없다.

15. 헌법상 경제질서에 관한 설명으로 옳지 <u>않은</u> 것은?

① 국가는 국민 모두의 생산 및 생활의 기반이 되는 국토의 효율적이고 균형 있는 이용·개발과 보전을 위하여 법률이 정하는 바에 의하여 그에 관한 필요한 제한과 의무를 과할 수 있다.
② 국가는 경제주체 간의 조화를 통한 경제의 민주화를 위하여 경제에 관한 규제와 조정을 할 수 있다.
③ 농지에 관하여는 경자유전의 원칙이 달성되어야 하므로, 농지의 임대차나 위탁경영은 허용될 수 없다.
④ 우리 헌법의 경제질서는 사유재산제를 바탕으로 하고 자유경쟁을 존중하는 자유시장경제질서를 기본으로 하면서도 이에 수반되는 갖가지 모순을 제거하고 사회복지·사회정의를 실현하기 위하여 국가적 규제와 조정을 용인하는 사회적 시장경제질서로서의 성격을 띠고 있다.

16. 헌법상 경제조항에 관한 설명으로 옳은 것은? (다툼이 있는 경우 판례에 의함)

① 헌법 제119조 제2항은 국가가 경제영역에서 실현하여야 할 목표의 하나로서 적정한 소득의 분배를 들고 있지만, 이로부터 반드시 소득에 대하여 누진세율에 따른 종합과세를 시행하여야 할 구체적인 헌법적 의무가 조세입법자에게 부과되는 것이라고 할 수 없다.
② 헌법 제119조 제2항에 규정된 경제주체 간의 조화를 통한 경제민주화의 이념은 경제영역에서 정의로운 사회질서를 형성하기 위하여 추구할 수 있는 국가목표에 그치므로 개인의 기본권을 제한하는 국가행위를 정당화하는 헌법규범이라고 볼 수 없다.
③ 경제적 기본권을 제한하는 법률의 합헌성 여부를 심사하는 경우, 그 법률을 정당화하는 공익은 헌법에 명시적으로 규정된 목표에만 제한된다.
④ 주택재개발사업에서 부과하는 임대주택공급의무는 재개발로 발생하는 세입자들의 주거문제를 해결하기 위한 제도이고, 재건축사업에서 임대주택공급제도는 개발이익의 환수 차원에서 부과되는 의무라 할 것이므로, 두 사업 모두에 임대주택공급의무를 부과하는 것은 재건축조합의 조합원 등의 평등권을 침해하고 있다.

17. 조약과 일반적으로 승인된 국제법규에 관한 설명으로 옳지 <u>않은</u> 것은? (다툼이 있는 경우 판례에 의함)

① 전 세계적으로 양심적 병역거부권의 보장에 관한 국제관습법이 형성되었다고 할 수 없어 양심적 병역거부가 일반적으로 승인된 국제법규로서 우리나라에 수용될 수는 없다.
② 법률적 효력을 갖는 조약은 헌법재판소의 위헌법률심판의 대상이 될 수 있다.
③ 우리나라는 조약을 국내법으로 변형해야 효력이 발생한다는 것이 일반적 견해이다.
④ 주권의 제약에 관한 조약을 체결할 수 있다는 명문의 규정이 있다.

18. 지방자치제도에 관한 설명으로 옳지 <u>않은</u> 것은? (다툼이 있는 경우 판례에 의함)

① 국가기본도에 표시된 해상경계선은 그 자체로 불문법상 해상경계선으로 인정되는 것은 아니나, 관할 행정청이 국가기본도에 표시된 해상경계선을 기준으로 하여 과거부터 현재에 이르기까지 반복적으로 처분을 내리고, 지방자치단체가 허가, 면허 및 단속 등의 업무를 지속적으로 수행하여 왔다면 국가기본도상의 해상경계선은 여전히 지방자치단체 관할 경계에 관하여 불문법으로서 그 기준이 될 수 있다.
② 헌법이 감사원을 독립된 외부감사기관으로 정하고 있는 취지, 중앙정부와 지방자치단체는 서로 행정기능과 행정책임을 분담하면서 중앙행정의 효율성과 지방행정의 자주성을 조화시켜 국민과 주민의 복리증진이라는 공동목표를 추구하는 협력관계에 있다는 점을 고려하면 지방자치단체의 자치사무에 대한 합목적성 감사의 근거가 되는 「감사원법」 조항은 지방자치권의 본질적 내용을 침해하였다고는 볼 수 없다.
③ 연간 감사계획에 포함되지 아니하고 사전조사가 수행되지 아니한 감사의 경우 「지방자치법」에 따른 감사의 절차와 방법 등에 관한 관련 법령에서 감사대상이나 내용을 통보할 것을 요구하는 명시적인 규정이 없어, 광역지방자치단체가 기초지방자치단체의 자치사무에 대한 감사에 착수하기 위해서는 감사대상을 특정하여야 하나, 특정된 감사대상을 사전에 통보할 것까지 요구된다고 볼 수는 없다.
④ 감사 과정에서 사전에 감사대상으로 특정되지 아니한 사항에 관하여 위법사실이 발견된 경우, 당초 특정된 감사대상과 관련성이 인정되는 것으로서 당해 절차에서 함께 감사를 진행하더라도 감사대상 지방자치단체가 절차적인 불이익을 받을 우려가 없고, 해당 감사대상을 적발하기 위한 목적으로 감사가 진행된 것으로 볼 수 없는 사항이라 하더라도, 감사대상을 확장하거나 추가하는 것은 허용되지 않는다.

19. 기본권의 침해와 구제에 관한 설명으로 가장 옳은 것은?

① 부진정입법부작위에 의한 기본권 침해의 경우에는 입법부작위 그 자체를 대상으로 하는 헌법소원을 제기하여 구제받을 수 있다.
② 명령·규칙 또는 처분이 헌법이나 법률에 위반되는 여부가 재판의 전제가 된 경우에는 헌법재판소가 이를 심사할 권한을 가진다.
③ 「헌법재판소법」 제68조 제2항에 의한 헌법소원에서는 법률의 부존재, 즉 진정입법부작위를 다투는 것도 허용된다.
④ 형사절차가 종료되어 교정시설에 수용 중인 수형자가 민사재판에서 변호사와 접견할 권리는 변호인의 조력을 받을 권리가 아닌 재판청구권의 한 내용이다.

20. 기본권에 관한 설명으로 옳은 것만을 모두 고른 것은? (다툼이 있는 경우 판례에 의함)

> ㄱ. 현행헌법상 직접 기본권 행사능력이 헌법에 규정된 예로는 대통령의 피선거권 규정이 있다.
> ㄴ. 법인 아닌 사단·재단의 경우 대표자의 정함이 있고 독립된 사회적 조직체로서 활동한다고 하더라도 그의 이름으로 헌법소원심판을 청구할 수는 없다.
> ㄷ. 국가인권위원회의 공정한 조사를 받을 권리는 기본권으로 인정된다.
> ㄹ. 성질상 인간의 권리에 해당한다고 볼 수 있는 재판청구권에 관하여는 외국인의 기본권 주체성이 인정되지만, 불법체류 중인 외국인에게는 재판청구권에 관한 기본권 주체성이 인정되지 않는다.

① 없음　　② ㄱ　　③ ㄴ, ㄷ　　④ ㄱ, ㄴ, ㄹ

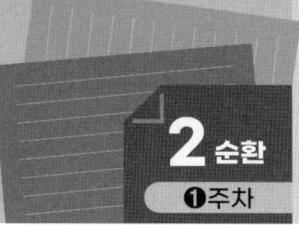

인간의 존엄과 가치 · 행복추구권 · 평등권 ~ 자유권적 기본권

01. 입법부작위에 관한 설명으로 옳지 <u>않은</u> 것은? (다툼이 있는 경우 판례에 의함)

① 양육비 대지급제 등 양육비 이행의 실효성을 더 높이는 내용의 법률을 제정할 헌법의 명시적인 입법위임이 존재한다고 볼 수 없고, 헌법해석상 기존의 양육비 이행을 확보하기 위하여 마련된 여러 입법 이외에 양육비 대지급제 등과 같은 구체적 · 개별적 사항에 대한 입법의무가 새롭게 발생된다고도 볼 수 없다.
② 진정입법부작위에 대한 헌법소원심판청구는 헌법에서 기본권 보장을 위하여 법률에 명시적으로 입법위임을 하였음에도 입법자가 이를 이행하지 아니한 경우이거나, 헌법해석상 특정인에게 구체적인 기본권이 생겨 이를 보장하기 위한 국가의 행위의무 내지 보호의무가 발생하였음이 명백함에도 불구하고 입법자가 아무런 입법조치를 취하지 아니한 경우에 한하여 허용된다.
③ 의료인이 아닌 사람도 문신시술을 업으로 행할 수 있도록 그 자격 및 요건을 법률로 제정하도록 하는 내용의 명시적인 입법위임은 헌법에 존재하지 않으며, 문신시술을 위한 별도의 자격제도를 마련할지 여부는 여러 가지 사회적 · 경제적 사정을 참작하여 입법부가 결정할 사항으로, 그에 관한 입법의무가 헌법해석상 도출된다고 보기는 어렵다.
④ 가족이 북한 내 정치범수용소에 억류되어 있는 북한이탈주민 등이 이른바 '북한인권법'을 제정하지 아니한 입법부작위가 청구인들의 기본권을 침해한다고 주장하며 제기한 헌법소원심판 계속 중에 국회가 북한인권법을 제정하였다 하더라도, 헌법소원심판청구는 적법하다.

02. 다음 중 판례의 내용으로 가장 옳지 <u>않은</u> 것은? (다툼이 있는 경우 판례에 의함)

① 집단급식소에 근무하는 영양사의 직무를 규정한 조항을 위반한 자를 처벌하는, 「식품위생법」 제96조 중 '제52조 제2항을 위반한 자'에 관한 부분은 헌법에 위반되지 않는다.
② 대법원에 의하면 법률의 위임 없이 법률이 정하지 않은 법외노조 통보에 관해 규정한 「노동조합 및 노동관계조정법 시행령」 제9조 제2항은 헌법상 노동3권을 본질적으로 제한하는 것이므로 무효이다.
③ 수용자를 교정시설에 수용할 때마다 전자영상 검사기를 이용하여 수용자의 항문 부위에 대한 신체검사를 하는 것이 필요한 최소한도를 벗어나 과잉금지원칙에 위배되어 수용자의 인격권 내지 신체의 자유를 침해한다고 볼 수 없다.
④ 변호사에 대한 징계결정정보를 인터넷 홈페이지에 공개하도록 한 「변호사법」 조항은 전문적인 법률지식, 윤리적 소양, 공정성 및 신뢰성을 갖추어야 할 변호사가 징계를 받은 경우 국민이 이러한 사정을 쉽게 알 수 있도록 하여 변호사를 선택할 권리를 보장하고, 변호사의 윤리의식을 고취시킴으로써 법률사무에 대한 전문성, 공정성 및 신뢰성을 확보하여 국민의 기본권을 보호하며 사회정의를 실현하기 위한 것으로서 청구인의 인격권을 침해하지 아니한다.

03. 헌법재판소가 과잉금지원칙 심사를 하면서 목적의 정당성이 부인된다고 판단한 것만을 모두 고른 것은? (다툼이 있는 경우 판례에 의함)

> ㄱ. 혼인을 빙자하여 음행의 상습 없는 부녀를 기망하여 간음한 자를 처벌하는 「형법」 조항
> ㄴ. 대학교원을 교원노조의 가입대상에서 배제한 것
> ㄷ. 검찰수사관이 피의자신문에 참여한 변호인에게 피의자 후방에 앉으라고 요구한 행위
> ㄹ. 야당 후보 지지나 정부 비판적 정치표현행위에 동참한 전력이 있는 문화예술인이나 단체를 정부의 문화예술 지원사업에서 배제하도록 지시한 행위

① ㄱ, ㄴ ② ㄷ, ㄹ ③ ㄱ, ㄷ, ㄹ ④ ㄱ, ㄴ, ㄷ, ㄹ

04. 기본권 침해에 관한 설명으로 옳지 않은 것은? (다툼이 있는 경우 판례에 의함)

① 전직 경찰관이라는 신분으로 인하여 6·25전쟁 당시 인민군에 의해 처형된 자를 국가유공자에 준하여 구제하는 법률을 제정하지 않은 국회의 입법부작위에 대한 헌법소원심판청구는 부적법하다.
② 국제전범재판소 판결에 따른 처벌을 받아서 생긴 한국인 BC급 전범의 피해 보상 문제를 일본군위안부 피해자나 원자폭탄 피해자 등이 가지는 일제의 반인도적 불법행위로 인한 배상청구권의 문제와 동일한 범주로 보아서 이 사건 협정의 대상이 된다고 보기 어렵다.
③ 금융위원회 부위원장 주재로 2017. 9. 29. 개최된 가상통화 TF 회의의 '모든 형태의 ICO를 금지할 방침'은 헌법소원의 대상인 공권력의 행사가 아니다.
④ 동물약국 개설자가 수의사 또는 수산질병관리사의 처방전 없이 판매할 수 없는 동물용의약품을 규정한 「처방대상 동물용의약품 지정에 관한 규정」 제3조는 동물약국 개설자인 청구인들의 직업의 자유를 침해한다.

05. 기본권에 관한 설명으로 옳지 않은 것은? (다툼이 있는 경우 판례에 의함)

① 평화적 생존권은 이를 헌법에 열거되지 아니한 기본권으로서 특별히 새롭게 인정할 필요성이 있고 그 권리 내용이 비교적 명확하여 구체적 권리로서의 실질에 부합하므로 헌법상 보장된 기본권이라고 할 수 있다.

② 부모가 자녀의 이름을 지어주는 것은 자녀의 양육과 가족생활을 위하여 필수적인 것이고, 가족생활의 핵심적 요소라 할 수 있으므로, '부모가 자녀의 이름을 지을 자유'는 혼인과 가족생활을 보장하는 헌법 제36조 제1항과 행복추구권을 보장하는 헌법 제10조에 의하여 보호받는다.

③ 헌법 전문(前文)에 기재된 3·1정신은 우리나라 헌법의 연혁적·이념적 기초로서 헌법이나 법률해석에서의 해석기준으로 작용한다고 할 수 있지만 그에 기하여 곧바로 국민의 개별적 기본권성을 도출해낼 수는 없다고 할 것이므로, 헌법소원의 대상인 '헌법상 보장된 기본권'에 해당하지 아니한다.

④ 헌법 제10조로부터 도출되는 일반적 인격권에는 개인의 명예에 관한 권리도 포함될 수 있으나, '명예'는 사람이나 그 인격에 대한 '사회적 평가', 즉 객관적·외부적 가치평가를 말하는 것이지 단순히 주관적·내면적인 명예감정은 포함되지 않는다.

06. 다음 중 판례의 내용으로 옳지 않은 것은? (다툼이 있는 경우 판례에 의함)

① 교도소장이 징벌혐의의 조사를 위하여 14일간 청구인을 조사실에 분리수용하고 공동행사 참가 등 처우를 제한한 행위는 적법절차원칙에 위반되지 않는다.

②「학원의 설립·운영 및 과외교습에 관한 법률」을 위반하여 벌금형을 선고받은 경우 등록의 효력을 잃도록 규정하고 있는 같은 법 제9조 제2항 본문 중 제9조 제1항 제4호에 관한 부분은 과잉금지원칙을 위배하여 청구인의 직업선택의 자유를 침해한다.

③「주택임대차보호법」제8조 및 같은 법 시행령의 규정에 따라 우선변제를 받을 수 있는 금액의 반환채권에 대한 압류를 금지하는「민사집행법」제246조 제1항 제6호는 채권자인 청구인들의 재산권을 침해하지 않는다.

④ '약사 또는 한약사가 아닌 자연인'의 약국 개설을 금지하고 위반 시 형사처벌하는,「약사법」제20조 제1항은 직업의 자유를 침해한다.

07. 다음 중 가장 옳은 것은? (다툼이 있는 경우 판례에 의함)

① 공무원이 지위를 이용하여 선거운동의 기획행위를 하는 것을 금지하고 이를 위반한 경우 형사처벌하는 한편, 공무원이 지위를 이용하여 범한 공직선거법위반죄의 경우 일반인이 범한 공직선거법위반죄와 달리 공소시효를 10년으로 정한 것은 헌법에 위반되지 않는다.
② 정당은 단순한 시민이나 국가기관이 아니고 국민의 정치적 의사를 형성하는 중개적 기관으로 국민의 권리인 평등권의 주체가 될 수 없다.
③ 초기배아는 수정이 된 배아라는 점에서 아직 모체에 착상되거나 원시선이 나타나지 않았다고 하더라도 기본권의 주체가 될 수 있다.
④ 흡연자들이 자유롭게 흡연할 권리는 행복추구권을 규정한 헌법 제10조와 사생활의 자유를 규정한 헌법 제17조에 의하여 뒷받침되는 기본권이 아니다.

08. 인간으로서의 존엄과 가치 및 행복추구권에 관한 설명으로 옳지 않은 것은? (다툼이 있는 경우 판례에 의함)

① 「성폭력범죄의 처벌 등에 관한 특례법」에 규정된 카메라등이용촬영죄는 인격권에 포함된다고 볼 수 있는 '자신의 신체를 함부로 촬영당하지 않을 자유'를 보호하기 위한 것이다.
② 자신이 속한 부분사회의 자치적 운영에 참여하는 것은 사회공동체의 유지, 발전을 위하여 필요한 행위로서 특정한 기본권의 보호범위에 들어가지 않는 경우에는 일반적 행동자유권의 보호대상이 될 수 있으므로 실제로 대표기관의 지위를 취득할 권리까지 구성원의 일반적 행동자유권으로 보장된다.
③ 교통사고 발생에 고의나 과실이 있는 운전자는 물론, 아무런 책임이 없는 무과실 운전자도 자신이 운전하는 차로 인하여 교통사고가 발생하기만 하면 즉시 정차하여 사상자를 구호하는 등 필요한 조치를 할 의무를 규정하고, 교통사고 발생 시 사상자 구호 등 필요한 조치를 하지 않은 자를 형사처벌하는 「도로교통법」 조항은 운전자의 일반적 행동자유권을 침해하지 않는다.
④ 운전면허를 받은 사람이 다른 사람의 자동차등을 훔친 경우에는 운전면허를 필요적으로 취소하도록 하는 것은 임의적 취소 혹은 정지라는 보다 덜 제한적인 수단이 있어 일반적 행동자유권(운전을 업으로 하는 자에 대하여는 직업의 자유)에 대한 과도한 침해가 되어 위헌이다.

09. 헌법재판소가 평등권 위반에 관한 심사기준으로 비례원칙을 적용한 것으로 옳은 것은? (다툼이 있는 경우 판례에 의함)

① 「제대군인지원에 관한 법률」에 의하여 공익근무요원의 경우와 달리 산업기능요원의 군 복무기간을 공무원 재직기간으로 산입하지 않은 경우
② 「뉴스통신 진흥에 관한 법률」에 의하여 연합뉴스사만을 국가기간뉴스통신사로 지정하여 각종 지원을 하는 경우
③ 「출입국관리법 시행규칙」에 의하여 단순 노무행위 등 취업활동 종사자 중 불법체류가 많이 발생하는 중국 등 국가의 국민에 대하여 사증발급 신청 시 일정한 첨부서류를 제출하도록 한 경우
④ 「공무원임용및시험시행규칙」에 따른 국가공무원 7급 시험에서 정보관리기술사, 정보처리기사 자격 소지자에 대해서는 가산점을 부여하고 정보처리기능사 자격 소지자에게는 가산점을 부여하지 않은 경우

10. 다음 중 판례의 내용으로 옳지 않은 것은? (다툼이 있는 경우 판례에 의함)

① 서울특별시경찰청장이 서울광역수사대 마약수사계에 장애인전용 주차구역을 설치하지 아니한 부작위는 헌법에 위반된다.
② 지방의회의원으로서 받게 되는 보수가 연금에 미치지 못하는 경우에도 연금 전액의 지급을 정지하는 것이 재산권을 과도하게 제한하여 헌법에 위반된다.
③ 변호사의 자격이 있는 자에게 더 이상 세무사 자격을 자동으로 부여하지 않는 구 「세무사법」 제3조는 헌법에 위반되지 않는다.
④ 반의사불벌죄에서 처벌을 원하지 않는다는 피해자의 의사가 명백하고 믿을 수 있는 방법으로 표현된 이상 피해자가 다시 처벌을 희망하더라도 이미 이루어진 처벌불원의 의사표시의 효력에는 아무런 영향이 없음에도 불구하고, 피청구인이 청구인에게 공소권없음처분을 하지 않고 폭행 피의사실이 인정됨을 전제로 한 기소유예처분을 한 것은 자의적인 검찰권 행사이다.

11. 다음 중 판례의 내용으로 옳지 <u>않은</u> 것은? (다툼이 있는 경우 판례에 의함)

① 특별교통수단에 있어 표준휠체어만을 기준으로 휠체어 고정설비의 안전기준을 정하고 있는 「교통약자의 이동편의 증진법 시행규칙」 제6조 제3항 [별표 1의2]는 헌법에 위반되지 않는다.
② 「상속세 및 증여세법」의 규제를 받는 주식 등의 명의수탁자와 「부동산 실권리자명의 등기에 관한 법률」의 규제를 받는 부동산의 명의수탁자는 입법목적, 규제방식, 제재 유형, 제재를 받는 인적 범위 등이 상이하기 때문에 본질적으로 동일한 두 개의 비교집단이라고 볼 수 없으므로, 이러한 두 집단을 다르게 취급하였다고 하여 평등원칙에 위배된다고 할 수 없다.
③ 약식명령에 대한 정식재판청구권 회복 청구 시 필요적 집행정지가 아닌 임의적 집행정지로 규정한 「형사소송법」 제458조 제1항 중 제348조 제1항을 준용하는 부분은 헌법에 위반되지 아니한다.
④ 회원제로 운영하는 골프장 시설의 입장료에 대한 부가금을 국민체육진흥기금의 재원으로 규정한 구 「국민체육진흥법」 제20조 제1항 제3호 및 골프장 시설의 입장료에 대한 부가금은 헌법에 위반된다.

12. 평등권 또는 평등원칙에 관한 설명으로 가장 옳지 <u>않은</u> 것은? (다툼이 있는 경우 판례에 의함)

① 「국민의 형사재판 참여에 관한 법률」에서 국민참여재판 배심원의 자격을 만 20세 이상으로 규정한 것은 국민참여제도의 취지와 배심원의 권한 및 의무 등 여러 사정을 종합적으로 고려하여 만 20세에 이르기까지 교육 및 경험을 쌓은 자로 하여금 배심원의 책무를 담당하도록 한 것이므로 만 20세 미만의 자를 자의적으로 차별한 것은 아니다.
② 「공직자윤리법」에서 혼인한 재산등록의무자 모두 배우자가 아닌 본인의 직계존·비속의 재산을 등록하도록 개정되었음에도 불구하고, 개정 전 조항에 따라 이미 배우자의 직계존·비속의 재산을 등록한 혼인한 여성 등록의무자의 경우에만, 예외적으로 종전과 동일하게 계속해서 배우자의 직계존·비속의 재산을 등록하도록 규정한 것은 평등원칙에 위배된다.
③ 「산업재해보상보험법」에서 업무상 재해에 통상의 출퇴근 재해를 포함시키는 개정 법률조항을 개정법 시행 후 최초로 발생하는 재해부터 적용하도록 한 것은, 산재보험의 재정상황 등 실무적 여건이나 경제상황 등을 고려한 것으로 헌법상 평등원칙에 위반되지 않는다.
④ 보훈보상대상자의 부모에 대한 유족보상금 지급 시 수급권자를 부모 중 1인에 한정하고 나이가 많은 자를 우선하도록 한 「보훈보상대상자 지원에 관한 법률」은 합리적인 이유 없이 보상금 수급권자의 수를 일률적으로 제한하고, 부모 중 나이가 많은 자와 그렇지 않은 자를 합리적인 이유 없이 차별하고 있으므로 나이가 적은 부모 일방의 평등권을 침해한다.

13. 평등권 및 평등원칙에 관한 설명으로 옳지 않은 것은? (다툼이 있는 경우 판례에 의함)

① 평등원칙은 국민의 기본권 보장에 관한 우리 헌법의 최고원리로서 국가가 입법을 하거나 법을 해석 및 집행함에 있어 따라야 할 기준인 동시에, 국가에 대하여 합리적 이유 없이 불평등한 대우를 하지 말 것과, 평등한 대우를 요구할 수 있는 모든 국민의 권리로서, 국민의 기본권 중의 기본권인 것이다.

② 평등원칙은 일체의 차별적 대우를 부정하는 절대적 평등을 의미하는 것이 아니라 상대적 평등을 뜻하므로 합리적 근거 있는 차별 내지 불평등은 평등원칙에 반하는 것이 아니다.

③ 일반적으로 차별이 정당한지 여부에 대해서는 자의성 여부를 심사하지만, 헌법에서 특별히 평등을 요구하고 있는 경우나 차별적 취급으로 인하여 관련 기본권에 대한 중대한 제한을 초래하게 된다면 입법형성권은 축소되어 보다 엄격한 심사척도가 적용된다.

④ 「문화재보호법」 제27조에 따라 지정된 보호구역에 있는 부동산에 대한 재산세 경감을 규정하고 있는 구 「지방세특례제한법」 제55조 제2항 제1호 중 '같은 법 제27조에 따라 지정된 보호구역에 있는 부동산'에 관한 부분은 조세평등주의에 위배된다.

14. 다음 중 판례의 내용으로 옳지 않은 것은? (다툼이 있는 경우 판례에 의함)

① 대한민국 국적을 가지고 있는 영유아 중에서도 재외국민인 영유아를 보육료·양육수당 지원대상에서 제외하는 보건복지부지침은 국내에 거주하면서 재외국민인 영유아를 양육하는 부모인 청구인들의 평등권을 침해한다.

② 국민참여재판 배심원의 자격을 만 20세 이상으로 정한 「국민의 형사재판 참여에 관한 법률」 제16조 중 '만 20세 이상' 부분은 헌법에 위반되지 않는다.

③ 주거침입강제추행죄 및 주거침입준강제추행죄에 대하여 무기징역 또는 7년 이상의 징역에 처하도록 한 「성폭력범죄의 처벌 등에 관한 특례법」은 헌법에 위반되지 않는다.

④ 사회적 신분이란 사회에서 장기간 점하는 지위로서 일정한 사회적 평가를 수반하는 것을 의미하므로 전과자도 사회적 신분에 해당된다.

15. 죄형법정주의와 일사부재리의 원칙에 관한 설명으로 가장 옳지 않은 것은? (다툼이 있는 경우 판례에 의함)

① 소극적 범죄구성요건이나 위법성조각사유에 대해서도 명확성원칙이 적용된다.
② 당국의 허가 없이 한 건축행위에 대해서 형사처벌을 가하고 이러한 위법건축물에 대한 시정명령에 응하지 않은 경우 다시 과태료를 부과한다고 해서 이것이 이중처벌금지원칙에 반하는 것은 아니다.
③ 누범이나 상습범을 가중처벌하는 것은 헌법의 일사부재리의 원칙에 위반하는 것이 아니다.
④ 유사군복을 판매 목적으로 소지하는 행위에 대하여 1년 이하의 징역 또는 1천만 원 이하의 벌금에 처하도록 규정한 「군복 및 군용장구의 단속에 관한 법률」 제8조 제2항 중 '판매 목적 소지'에 관한 부분은 죄형법정주의의 명확성원칙에 위반된다.

16. 죄형법정주의와 이중처벌금지원칙에 관한 설명으로 옳지 않은 것은? (다툼이 있는 경우 판례에 의함)

① 학교환경위생정화구역 안의 금지행위를 규정한 구 「학교보건법」 제6조 제1항 제14호 중 '미풍양속을 해하는 행위 및 시설' 부분은 죄형법정주의 또는 명확성원칙에 위반된다고 보기 어렵다.
② 허위재무제표작성죄와 허위감사보고서작성죄에 대하여 배수벌금형을 규정하면서도, '그 위반행위로 얻은 이익 또는 회피한 손실액이 없거나 산정하기 곤란한 경우'에 관한 벌금 상한액을 규정하지 아니한 「주식회사 등의 외부감사에 관한 법률」 제39조 제1항 중 '그 위반행위로 얻은 이익 또는 회피한 손실액의 2배 이상 5배 이하의 벌금' 가운데 '그 위반행위로 얻은 이익 또는 회피한 손실액이 없거나 산정하기 곤란한 경우'에 관한 부분은 헌법에 위반되지 아니한다.
③ 「전기통신사업법」상의 공공의 안녕질서 또는 미풍양속을 해하는 내용의 통신을 금하는 「전기통신사업법」 제53조 제1항은 명확성원칙에 위배된다.
④ 양심적 예비군 훈련거부자에 대하여 유죄의 판결이 확정되었더라도, 동일인이 새로이 부과된 예비군 훈련을 다시 거부하는 경우 그에 대한 형사처벌을 가하는 것은 이중처벌금지원칙에 위반된다고 할 수 없다.

17. 신체의 자유에 관한 설명으로 옳지 않은 것은?

① 누구든지 체포 또는 구속을 당한 때에는 즉시 변호인의 조력을 받을 권리를 가지는데, 헌법은 형사피의자와 형사피고인이 스스로 변호인을 구할 수 없을 때에는 법률이 정하는 바에 의하여 국가가 변호인을 붙인다고 규정하고 있다.
② 체포·구속·압수 또는 수색을 할 때에는 적법한 절차에 따라 검사의 신청에 의하여 법관이 발부한 영장을 제시하여야 하나, 현행범인인 경우와 장기 3년 이상의 형에 해당하는 죄를 범하고 도피 또는 증거인멸의 염려가 있을 때에는 사후에 영장을 청구할 수 있다.
③ 누구든지 법률에 의하지 아니하고는 체포·구속·압수·수색 또는 심문을 받지 아니하며, 법률과 적법한 절차에 의하지 아니하고는 처벌·보안처분 또는 강제노역을 받지 아니한다.
④ 누구든지 체포 또는 구속을 당한 때에는 적부의 심사를 법원에 청구할 권리를 가진다.

18. 신체의 자유에 관한 설명으로 가장 옳지 않은 것은? (다툼이 있는 경우 판례에 의함)

① 병역의무 이행자들에 대한 보수는 병역의무 이행과 교환적 대가관계에 있는 것이 아니다.
② 누구든지 법률과 적법한 절차에 의하지 아니하고는 처벌·보안처분 또는 강제노역을 받지 아니한다.
③ 형사절차가 규문주의에서 탄핵주의로 이행되어 온 과정을 고려할 때, 직접 수사권을 행사하는 수사기관이 자신의 수사대상에 대한 영장신청 여부를 스스로 결정하도록 하는 것은 객관성을 담보하기 어려운 구조라는 점도 부인하기 어렵다. 이에 영장신청의 신속성·효율성 증진의 측면이 아니라, 법률전문가이자 인권옹호기관인 검사로 하여금 제3자의 입장에서 수사기관의 강제수사 남용가능성을 통제하도록 하는 취지에서 영장신청권이 헌법에 도입된 것으로 해석되므로, 헌법상 검사의 영장신청권 조항에서 '헌법상 검사의 수사권'까지 논리필연적으로 도출된다고 할 수 있다.
④ 헌법상 신체의 완전성을 침해당하지 않을 자유에 관한 명문규정이 없지만, 헌법재판소는 기본권으로 인정한다.

19. 다음 중 헌법재판소 판례에 관한 설명으로 가장 옳지 <u>않은</u> 것은? (다툼이 있는 경우 판례에 의함)

① 외국인 지역가입자에 대하여 보험료 체납 시 다음 달부터 곧바로 보험급여를 제한하는 「국민건강보험법」 제109조 제10항(보험급여제한 조항)은 헌법에 위반되지 않는다.
② 「2018학년도 대학수학능력시험 시행기본계획」은 성년의 자녀를 둔 부모의 자녀교육권을 제한하지 않는다.
③ 방치폐기물 처리이행보증보험계약의 갱신명령을 불이행한 건설폐기물 처리업자의 허가를 취소하는 「건설폐기물의 재활용촉진에 관한 법률」 제25조 제1항 제4호의2는 헌법에 위반되지 않는다.
④ 「정치자금법」상 회계보고된 자료의 열람기간을 3월간으로 정한 「정치자금법」 제42조 제2항 본문 중 '3월간' 부분은 알권리를 침해한다.

20. 책임과 형벌 사이의 비례원칙에 대한 헌법재판소의 판시내용에 관한 설명으로 가장 옳지 <u>않은</u> 것은? (다툼이 있는 경우 판례에 의함)

① 형사법상 책임원칙은 형벌은 범행의 경중과 행위자의 책임 사이에 비례성을 갖추어야 하고 특별한 이유로 형을 가중하는 경우에도 형벌의 양은 행위자의 책임의 정도를 초과해서는 안 된다는 것을 의미한다.
② 상관을 살해한 경우 사형만을 유일한 법정형으로 규정하고 있는 「군형법」 조항은 책임과 형벌 사이의 비례원칙에 위배된다.
③ 초·중등학교 교원이 자신이 보호하는 아동에 대하여 아동학대범죄를 범한 때에는 그 죄에 정한 형의 2분의 1까지 가중하여 처벌하도록 한 「아동학대범죄의 처벌 등에 관한 특례법」 조항은 책임과 형벌 사이의 비례원칙에 위배된다.
④ 예비군대원 본인의 부재 시 예비군훈련 소집통지서를 수령한 같은 세대 내의 가족 중 성년자가 정당한 사유 없이 소집통지서를 본인에게 전달하지 아니한 경우 형사처벌을 하는 「예비군법」 조항은 책임과 형벌 사이의 비례원칙에 위배된다.

자유권적 기본권

01. 신체의 자유에 관한 설명으로 가장 옳지 <u>않은</u> 것은? (다툼이 있는 경우 판례에 의함)

① 「출입국관리법」에 따라 강제퇴거대상자를 대한민국 밖으로 송환할 수 있을 때까지 보호시설에 인치·수용하여 강제퇴거명령을 효율적으로 집행할 수 있도록 함으로써 외국인의 출입국과 체류를 적절하게 통제하고 조정하여 국가의 안전과 질서를 도모하는 것은, 입법목적의 정당성과 수단의 적합성이 인정된다.

② 「출입국관리법」에 따른 보호시설 인치·수용의 경우 보호기간의 상한을 두지 아니함으로써 강제퇴거대상자를 무기한 보호하는 것을 가능하게 하는 것은 보호의 일시적·잠정적 강제조치로서의 한계를 벗어나는 것이라는 점 등을 고려할 때 침해의 최소성과 법익균형성을 충족하지 못한다.

③ 적법절차원칙은 형사절차상의 제한된 범위 내에서만 적용되는 것이 아니라 국가작용으로서 기본권 제한과 관련되는 경우에 한해 모든 입법작용 및 행정작용에도 광범위하게 적용된다고 해석하여야 한다.

④ 평시에 일어난 군대 내 상관살해를 그 동기와 행위태양을 묻지 아니하고 무조건 사형으로 다스리는 것은 형벌체계상의 정당성을 잃은 것이다.

02. 신체의 자유에 관한 설명으로 옳지 <u>않은</u> 것은 모두 몇 개인가? (다툼이 있는 경우 판례에 의함)

ㄱ. 헌법 제12조 제1항의 적법절차원칙은 형사소송절차에 국한되지 않고 모든 국가작용 전반에 대하여 적용되므로, 전투경찰순경의 인신구금을 내용으로 하는 영창처분에 있어서도 적법절차원칙이 준수되어야 한다.
ㄴ. 동일한 범죄행위에 대하여 형벌과 보안처분이 병과된다고 하여 헌법 제13조 제1항 후단 소정의 이중처벌금지원칙에 위반된다고 할 수 없다.
ㄷ. 보안처분이라 하더라도 형벌적 성격이 강하여 신체의 자유를 박탈하거나 박탈에 준하는 정도로 신체의 자유를 제한하는 경우에는 형벌불소급의 원칙이 적용된다.
ㄹ. 무죄추정원칙상 금지되는 '불이익'은 비단 형사절차 내에서의 불이익뿐만 아니라 기타 일반법 생활영역에서의 기본권제한과 같은 경우에도 적용된다.

① 없음 ② 1개 ③ 2개 ④ 3개

03. 다음 중 판례의 내용으로 옳지 <u>않은</u> 것은? (다툼이 있는 경우 판례에 의함)

① 신고범위를 뚜렷이 벗어난 옥외집회를 금지 및 처벌하는 「집회 및 시위에 관한 법률」 제22조 제3항의 제16조 제3호 중 '뚜렷이' 부분은 명확성원칙에 위배되지 않으므로 헌법에 위반되지 아니한다.
② 금융감독원의 4급 이상 직원에 대하여 퇴직일로부터 2년간 사기업체 등에의 취업을 제한하는 구 「공직자윤리법」 규정은 청구인들의 직업의 자유 및 평등권을 침해하지 않는다.
③ 특별시장·광역시장·특별자치시장·도지사·특별자치도지사 선거의 예비후보자를 후원회지정권자에서 제외하는 것은 청구인들 평등권을 침해하여 헌법에 위반된다.
④ 자치구의 지역구의회의원 선거의 예비후보자를 후원회지정권자에서 제외하고 있는 것은 청구인들의 평등권을 침해하여 헌법에 위반된다.

04. 명확성원칙에 관한 설명으로 옳은 것은? (다툼이 있는 경우 판례에 의함)

① 공중도덕상 유해한 업무에 취업시킬 목적으로 근로자를 파견한 사람을 형사처벌하도록 규정한 구 「파견근로자보호 등에 관한 법률」 조항 중 '공중도덕상 유해한 업무' 부분은 그 행위의 의미가 문언상 불분명하다고 할 수 없으므로 죄형법정주의 명확성원칙에 위배되지 않는다.
② 외국인이 귀화허가를 받기 위해서는 '품행이 단정할 것'의 요건을 갖추도록 한 구 「국적법」 조항은 그 해석이 불명확하여 수범자의 예측가능성을 해하고, 법 집행기관의 자의적인 집행을 초래할 정도로 불명확하다고 할 수 있으므로, 명확성원칙에 위배된다.
③ 혈액투석 정액수가에 포함되는 비용의 범위를 정한 「의료급여수가의 기준 및 일반기준」 제7조 제2항 본문의 정액범위조항에 사용된 '등'은 열거된 항목 외에 같은 종류의 것이 더 있음을 나타내는 의미로 해석할 수 있으나, 다른 조항과의 유기적·체계적 해석을 통해 그 적용범위를 합리적으로 파악할 수는 없으므로 명확성원칙에 위배된다.
④ 형의 선고와 함께 소송비용 부담의 재판을 받은 피고인이 '빈곤'을 이유로 해서만 집행면제를 신청할 수 있도록 한 「형사소송법」 규정에 따른 소송비용에 관한 부분 중 '빈곤'은 경제적 사정으로 소송비용을 납부할 수 없는 경우를 지칭하는 것으로 해석될 수 있으므로 명확성원칙에 위배되지 않는다.

05. 적법절차원리에 관한 설명으로 옳지 않은 것은? (다툼이 있는 경우 판례에 의함)

① 효율적인 수사와 정보수집의 신속성, 밀행성 등을 고려하여 수사기관 등이 통신자료를 취득한 이후에도 수사 등 정보수집의 목적에 방해가 되지 않도록 「전기통신사업법」 조항이 통신자료 취득에 대한 사후 통지절차를 두지 않은 것은 적법절차원칙에 위배된다.

② 강제퇴거명령을 받은 사람을 보호할 수 있도록 하면서 보호기간의 상한을 마련하지 아니한 「출입국관리법」 조항에 의한 보호는 형사절차상 '체포 또는 구속'에 준하는 것으로 볼 수 있는 점을 고려하면, 보호의 개시 또는 연장 단계에서 그 집행기관인 출입국관리공무원으로부터 독립되고 중립적인 지위에 있는 기관이 보호의 타당성을 심사하여 이를 통제할 수 있어야 한다.

③ 형사재판에 계속 중인 사람에 대하여 출국을 금지할 수 있다고 규정한 「출입국관리법」에 따른 법무부장관의 출국금지결정은 성질상 신속성과 밀행성을 요하므로, 출국금지 대상자에게 사전통지를 하거나 청문을 실시하도록 한다면 국가형벌권 확보라는 출국금지제도의 목적을 달성하는 데 지장을 초래할 우려가 있으며, 출국금지 후 즉시 서면으로 통지하도록 하고 있고, 이의신청이나 행정소송을 통하여 출국금지결정에 대해 사후적으로 다툴 수 있는 기회를 제공하여 절차적 참여를 보장해 주고 있으므로 적법절차원칙에 위배된다고 보기 어렵다.

④ 농림수산식품부장관 등 관련 국가기관이 국민의 생명·신체의 안전에 영향을 미치는 고시 등의 내용을 결정함에 있어서 이해관계인의 의견을 사전에 충분히 수렴하는 것이 바람직하므로, 헌법의 적법절차원칙상 필수적으로 요구되는 것이다.

06. 적법절차원칙에 관한 설명으로 가장 옳지 않은 것은? (다툼이 있는 경우 판례에 의함)

① 일정기간 수사관서에 출석하지 않았다는 사유로 관세법위반압수물품을 별도의 재판이나 처분 없이 국고에 귀속시키도록 한 구 「관세법」 조항은 적법절차원칙에 위배된다.

② 원자력발전소 개발에 있어서 인근 주민 및 관계전문가 등으로부터 의견을 듣는 청취절차의 주체가 반드시 행정기관이나 독립된 제3의 기관이 아니더라도 공정성과 객관성이 담보되는 절차가 마련되어 있는 경우, 전원개발사업자가 그 주체가 되어도 적법절차원칙에 위배되지 않는다.

③ 법원에 의한 범죄인 인도심사는 형사절차와 같은 전형적인 사법절차의 대상에 해당되지 않으며 법률에 의하여 인정된 특별한 절차이므로, 「범죄인 인도법」이 범죄인 인도심사를 서울고등법원의 전속관할인 단심제로 정하고 있더라도, 적법절차원칙에서 요구되는 합리성과 정당성을 결여한 것은 아니다.

④ 헌법에서 채택하고 있는 적법절차원칙은 모든 국가작용이 아닌 신체의 자유와 관련되는 형사처벌에만 적용되며, 행정상의 불이익으로 전투경찰순경에 대한 징계처분 중 하나인 인신구금을 내용으로 하는 영창처분에는 적용되지 않는다.

07. 헌법재판소 판례 중 가장 옳지 <u>않은</u> 것은? (다툼이 있는 경우 판례에 의함)

① 부모가 자녀의 이름을 지어주는 것은 자녀의 양육과 가족생활을 위하여 필수적인 것이고, 가족생활의 핵심적 요소라 할 수 있으므로, '부모가 자녀의 이름을 지을 자유'는 혼인과 가족생활을 보장하는 헌법 제36조 제1항과 행복추구권을 보장하는 헌법 제10조에 의하여 보호받는다.

② 초등학교 정규교과에서 영어를 배제하거나 영어교육 시수를 제한하는 것은 학생들의 인격의 자유로운 발현권을 제한하나, 이는 균형적인 교육을 통해 초등학생의 전인적 성장을 도모하고 영어과목에 대한 지나친 사교육의 폐단을 막기 위한 것으로 초등학생들의 인격의 자유로운 발현권을 침해하지 않는다.

③ 거짓이나 그 밖의 부정한 수단으로 운전면허를 받은 경우 모든 범위의 운전면허를 필요적으로 취소하도록 규정하여 부정취득하지 않은 운전면허까지 필요적으로 취소하도록 한 것은 운전면허 소유자의 일반적 행동의 자유를 침해한다.

④ 북한 지역으로 전단 등 살포를 하여 국민의 생명·신체에 위해를 끼치거나 심각한 위험을 발생시키는 것을 금지하고, 이를 위반한 경우 처벌하는 「남북관계 발전에 관한 법률」 제24조 제1항 제3호 및 제25조 중 제24조 제1항 제3호에 관한 부분은 헌법에 위반되지 않는다.

08. 영장제도 또는 영창제도에 관한 설명으로 옳지 <u>않은</u> 것은? (다툼이 있는 경우 판례에 의함)

① 헌법은 주거에 대한 압수나 수색을 할 때 영장발부에 대해 신체에 대한 구속과는 별도로 영장에 대한 규정을 두고 있다.

② 현행범인인 경우와 장기 3년 이상의 형에 해당하는 죄를 범하고 도피 또는 증거인멸의 염려가 있을 때에는 사후에 영장을 청구할 수 있다.

③ 우리헌법의 해석상 검사의 수사권 및 소추권은 법률상 권한이다.

④ 체포영장을 집행하는 경우 필요한 때에는 타인의 주거 등 내에서 피의자 수색을 할 수 있도록 한 「형사소송법」 제216조 제1항 제1호 중 제200조의2에 관한 부분은 명확성원칙에 위반되지 않는다.

09. 무죄추정원칙 및 변호인의 조력을 받을 권리에 관한 설명으로 옳은 것만을 모두 고른 것은? (다툼이 있는 경우 판례에 의함)

> ㄱ. 변호인과의 접견 내용을 녹음하는 것은 국가안전보장, 질서유지, 공공복리 등 어떠한 이유로도 허용되지 않는다.
> ㄴ. 피의자 및 피고인이 가지는 변호인의 조력을 받을 권리가 실질적으로 확보되기 위해서는, 피의자 및 피고인에 대한 변호인의 조력할 권리의 핵심적인 부분도 헌법상 기본권으로서 보호되어야 한다.
> ㄷ. 변호인 선임을 위하여 피의자 등이 가지는 '변호인이 되려는 자'와의 접견교통권은 헌법상 기본권으로 보호되어야 한다.
> ㄹ. 무죄추정원칙은 형사사건에만 적용된다.

① ㄱ, ㄴ ② ㄴ, ㄷ ③ ㄱ, ㄴ, ㄷ ④ ㄴ, ㄷ, ㄹ

10. 개인정보자기결정권에 관한 설명으로 옳은 것(○)과 옳지 않은 것(×)을 바르게 조합한 것은? (다툼이 있는 경우 판례에 의함)

> ㄱ. 공중밀집장소추행죄로 유죄판결이 확정된 자를 그 형사책임의 경중과 관계 없이 신상정보 등록대상자로 규정한 법률조항은 개인정보자기결정권을 침해한다.
> ㄴ. 게임물 관련사업자에게 게임물 이용자의 회원가입 시 본인인증을 할 수 있는 절차를 마련하도록 규정한 법조항은 개인정보자기결정권을 침해하지 아니한다.
> ㄷ. 보안관찰처분대상자가 교도소 등에서 출소한 후 7일 이내에 출소사실을 신고하도록 하고 이를 위반하는 경우 처벌하는 법률조항은 보안관찰처분대상자의 불편이 크다거나 7일의 신고기간이 지나치게 짧다고 할 수 없으므로 개인정보자기결정권을 침해하지 아니한다.
> ㄹ. 채취대상자가 사망할 때까지 디엔에이신원확인정보를 데이터베이스에 수록·관리할 수 있도록 규정한 법률조항은 대상범죄들로 인한 유죄판결이 확정되기만 하면 그 범죄의 경중과 재범의 위험성 등에 관한 아무런 고려 없이 획일적으로 적용되므로 개인정보자기결정권을 침해한다.
> ㅁ. 거짓이나 그 밖의 부정한 방법으로 보조금을 교부받거나 보조금을 유용하여 어린이집 운영정지, 폐쇄명령 또는 과징금처분을 받은 어린이집에 대하여 그 위반사실을 공표하도록 규정한 법률조항은 어린이집 설치·운영자의 유사한 위반행위를 예방하고 영유아 보호자들의 보육기관 선택권을 보장하기 위한 것으로서 개인정보자기결정권을 침해하지 아니한다.

	ㄱ	ㄴ	ㄷ	ㄹ	ㅁ
①	×	○	○	×	○
②	×	×	○	○	×
③	×	○	○	○	×
④	○	×	○	×	×

11. 개인정보자기결정권에 관한 설명으로 옳지 <u>않은</u> 것은? (다툼이 있는 경우 판례에 의함)

① 정보주체의 배우자나 직계혈족이 정보주체의 위임 없이도 정보주체의 가족관계상세증명서의 교부 청구를 할 수 있도록 하는 「가족관계의 등록 등에 관한 법률」의 해당 조항은 개인정보자기결정권을 침해한다.
② 공개되지 아니한 타인 간의 대화를 녹음 또는 청취하여 그 내용을 공개하거나 누설한 자를 처벌하는 「통신비밀보호법」 조항은 불법 감청·녹음 등으로 생성된 정보를 합법적으로 취득한 자가 이를 공개 또는 누설하는 경우에도 그것이 진실한 사실로서 오로지 공공의 이익을 위한 경우에는 이를 처벌하지 아니한다는 특별한 위법성조각사유를 두지 아니하여도 헌법에 위반되지 않는다.
③ 송·수신이 완료된 전기통신에 대한 압수·수색 사실을 수사대상이 된 가입자에게만 통지하도록 하고, 그 상대방에 대하여는 통지하지 않도록 한 「통신비밀보호법」 조항은 청구인들의 개인정보자기결정권을 침해하지 아니한다.
④ 대통령의 지시로 문화체육관광부장관이 야당 소속 후보를 지지하였거나 정부에 비판적 활동을 한 문화예술인이나 단체를 정부의 문화예술 지원사업에서 배제할 목적으로 개인의 정치적 견해에 관한 정보를 수집·보유·이용한 행위는 개인정보자기결정권을 침해한다.

12. 헌법재판소 판례에 관한 설명으로 옳지 <u>않은</u> 것은? (다툼이 있는 경우 판례에 의함)

① 형제자매는 언제나 본인과 이해관계를 같이 하는 것은 아닌데도 형제자매가 본인에 대한 친족·상속 등과 관련된 증명서를 편리하게 발급받을 수 있도록 규정한 법률조항은 개인정보자기결정권을 제한하고, 그 제한은 입법목적 달성을 위해 필요한 범위를 넘어선 것으로 개인정보자기결정권을 침해한다.
② 공공기관등으로 하여금 정보통신망상에 게시판을 설치·운영하려면 게시판 이용자의 본인 확인을 위한 방법 및 절차의 마련 등 대통령령으로 정하는 필요한 조치를 하도록 규정한 「정보통신망 이용촉진 및 정보보호 등에 관한 법률」은 헌법에 위반된다.
③ 법무부장관은 변호사시험 합격자가 결정되면 즉시 명단을 공고하여야 한다고 규정한 법률조항은 공공성을 지닌 전문직인 변호사에 관한 정보를 널리 공개하여 법률서비스 수요자가 필요한 정보를 얻는 데 도움을 주기 위한 것으로 응시자들의 개인정보자기결정권을 침해한다고 볼 수 없다.
④ 인터넷언론사는 선거운동기간 중 당해 홈페이지 게시판 등에 정당·후보자 등에 대한 지지·반대 등의 정보를 게시하는 경우 실명을 확인받는 기술적 조치를 하도록 규정한 법률조항은 익명표현이 허용될 경우 발생할 수 있는 부정적 효과를 막기 위한 것이라 하더라도 모든 익명표현을 규제함으로써 대다수 국민의 개인정보자기결정권도 광범위하게 제한하므로 인터넷언론사 홈페이지 게시판 등 이용자의 개인정보자기결정권을 침해한다.

13. 개인정보자기결정권에 대한 헌법재판소의 판시내용에 관한 설명으로 옳지 않은 것은? (다툼이 있는 경우 판례에 의함)

① 13세 이상 16세 미만의 사람에 대하여 간음 또는 추행을 한 19세 이상의 자를 강간죄, 유사강간죄, 강제추행죄의 예에 따라 처벌하도록 한 「형법」 제305조 제2항 중 '제297조, 제297조의2, 제298조'에 관한 부분은 헌법에 위반된다.

② 거짓이나 그 밖의 부정한 방법으로 보조금을 교부받거나 보조금을 유용한 어린이집에 대하여 그 어린이집 대표자 또는 원장의 의사와 관계 없이 어린이집의 명칭, 종류, 주소, 대표자 또는 어린이집 원장의 성명 등을 불특정 다수인이 알 수 있도록 공표하는 것은 공표대상자의 개인정보자기결정권을 침해하지 않는다.

③ 전기통신역무제공에 관한 계약을 체결하는 경우 전기통신사업자로 하여금 가입자에게 본인임을 확인할 수 있는 증서 등을 제시하도록 요구하고 부정가입방지시스템 등을 이용하여 본인인지 여부를 확인하도록 하였더라도 잠재적 범죄 피해 방지 및 통신망 질서 유지라는 더욱 중대한 공익의 달성효과가 있으므로 개인정보자기결정권을 침해하지 않는다.

④ 효율적인 수사의 필요성을 고려하여 사전에 정보주체인 이용자에게 그 내역을 통지하지 않았는데 수사기관 등이 통신자료를 취득한 이후에도 수사 등 정보수집의 목적에 방해가 되지 않는 범위 내에서 통신자료의 취득사실을 이용자에게 통지하지 않았다면 적법절차원칙에 위배되어 개인정보자기결정권을 침해한다.

14. 통신의 자유에 관한 설명으로 옳지 않은 것은? (다툼이 있는 경우 판례에 의함)

① 수형자가 수발하는 서신에 대한 검열로 인하여 수형자의 통신의 비밀이 일부 제한되는 것은 국가안전보장, 질서유지 또는 공공복리라는 정당한 목적을 위하여 부득이할 뿐만 아니라 유효적절한 방법에 의한 최소한의 제한이며 통신의 자유의 본질적 내용을 침해하는 것이 아니므로 헌법에 위반된다고 할 수 없다.

② 자유로운 의사소통은 통신내용의 비밀을 보장하는 것만으로는 충분하지 아니하고 구체적인 통신으로 발생하는 외형적인 사실관계, 특히 통신관여자의 인적 동일성, 통신시간, 통신장소, 통신횟수 등 통신의 외형을 구성하는 통신이용의 전반적 상황의 비밀까지도 보장해야 한다.

③ 통신의 자유란 통신수단을 자유로이 이용하여 의사소통할 권리이고, 이러한 '통신수단의 자유로운 이용'에는 자신의 인적 사항을 누구에게도 밝히지 않는 상태로 통신수단을 이용할 자유, 즉 통신수단의 익명성 보장도 포함된다.

④ 피청구인 교도소장이 대한법률구조공단으로부터 청구인에게 발송된 총 7건의 서신 및 국가인권위원회로부터 청구인에게 발송된 1건의 서신을 개봉한 행위는 통신의 자유를 침해한다.

15. 양심의 자유에 관한 설명으로 옳지 않은 것은? (다툼이 있는 경우 판례에 의함)

① 헌법이 보호하고자 하는 양심은 어떤 일의 옳고 그름을 판단함에 있어서 그렇게 행동하지 않고는 자신의 인격적 존재가치가 허물어지고 말 것이라는 강력하고 진지한 마음의 소리를 말한다.
② 양심의 자유는 인간으로서의 존엄성 유지와 개인의 자유로운 인격 발현을 위해 개인의 윤리적 정체성을 보장하는 기능을 담당한다.
③ 현역 입영 또는 소집통지서를 받은 자가 정당한 사유 없이 입영하지 않거나 소집에 응하지 않은 경우를 처벌하는 구「병역법」처벌조항은 과잉금지원칙을 위배하여 양심적 병역거부자의 양심의 자유를 침해한다.
④ '교도소장이 청구인이 합숙하는 대체복무요원 생활관 내부의 공용공간에 CCTV를 설치하여 촬영하는 행위'는 교정시설의 계호, 경비, 보안 등의 목적을 달성하기 위하여 불가피한 점이 있다는 등의 이유로, 전원일치 의견으로 청구인의 사생활의 비밀과 자유를 침해하지 않는다는 판단을 하였다. 복무기간조항, 기간조항 및 합숙조항은 양심의 자유를 침해하지 않는다.

16. 종교의 자유에 관한 설명으로 옳지 않은 것은? (다툼이 있는 경우 판례에 의함)

① 육군훈련소장이 훈련병들로 하여금 육군훈련소 내 종교시설에서 개최되는 개신교, 불교, 천주교, 원불교 종교행사 중 하나에 참석하도록 강제한 행위는 특정 종교를 우대하는 것으로 정교분리원칙에 위배된다.
② 양심적 병역거부는 인류의 평화적 공존에 대한 간절한 희망과 결단을 기반으로 하고 있다는 점에서, 특별히 병역을 면제받지 않은 양심적 병역거부자에게 병역이행을 강제하는「병역법」조항은 설령 종교적 신앙에 따라 병역을 거부하는 자에게 적용되는 경우에도 해당 종교인의 종교의 자유를 제한하지 않는다.
③ 통계청장이 인구주택총조사의 방문 면접조사를 실시하면서 담당 조사원을 통해 응답자에게 '종교가 있는지 여부'와 '있다면 구체적인 종교명이 무엇인지'를 묻는 조사 항목들에 응답할 것을 요구한 행위는, 통계의 기초자료로 활용하기 위한 조사 사항 중 하나로서 특정 종교를 믿는다는 이유로 불이익을 주거나 종교적 확신에 반하는 행위를 강요하기 위한 것이 아니다.
④ 종교단체에서 구호활동의 일환으로 운영하는 양로시설에 대해서도 양로시설의 설치에 신고의무를 부과하고 그 위반행위를 처벌하는 법률조항은, 일정 규모 이상의 양로시설에서는 안전사고나 인권침해 피해 정도가 커질 수 있어 예외 없이 신고의무를 부과할 필요가 있다는 점에서 종교의 자유를 침해하지 않는다.

17. 다음 중 판례의 내용으로 옳지 않은 것은? (다툼이 있는 경우 판례에 의함)

① 액세스(access)권은 그 주체, 객체, 내용 등 구체적인 권리로서의 실질이 명확하게 확립된 개념이 아니다.
② 16세 미만 청소년에게 오전 0시부터 오전 6시까지 인터넷게임의 제공을 금지하는 이른바 '강제적 셧다운제'를 규정한 구 「청소년보호법」 중 '인터넷게임'의 의미는 죄형법정주의의 명확성원칙에 위반되지 않는다.
③ '식품접객영업자 등 대통령령으로 정하는 영업자'는 '영업의 위생관리와 질서유지, 국민의 보건위생 증진을 위하여 총리령으로 정하는 사항'을 지켜야 한다고 규정한 구 「식품위생법」 제44조 제1항 및 제97조 제6호 중 '제44조 제1항' 부분은 포괄위임금지원칙에 위배되지 않는다.
④ 금고 이상의 실형을 선고받고 그 집행이 끝나거나 집행이 면제된 날로부터 3년이 지나지 아니한 사람은 행정사가 될 수 없도록 규정한 「행정사법」 제6조 제3호는 청구인의 직업선택의 자유 및 평등권을 침해하지 않는다.

18. 언론·출판·결사·집회의 자유에 관한 설명으로 옳지 않은 것은? (다툼이 있는 경우 판례에 의함)

① 직사살수행위 당시 청구인은 살수를 피해 뒤로 물러난 시위대와 떨어져 홀로 경찰 기동버스에 매여 있는 밧줄을 잡아당기고 있었다. 따라서 이 사건 직사살수행위는 수단의 적합성을 인정할 수 없다.
② 시위의 자유도 집회의 자유를 규정한 헌법 제21조 제1항에 의해 보호된다.
③ "누구든지 국회의사당의 경계지점으로부터 100미터 이내의 장소에서 옥외집회 또는 시위를 할 경우 형사처벌한다."라고 규정한 「집회 및 시위에 관한 법률」 제11조 제1호 중 '국회의사당'에 관한 부분은 헌법에 위반된다.
④ 선거일 전 180일부터 선거일까지 화환 설치를 금지하는 「공직선거법」 조항은 표현의 자유를 침해하지 않는다.

19. 집회·결사의 자유에 관한 설명으로 옳지 않은 것은? (다툼이 있는 경우 판례에 의함)

① 운송사업자로 구성된 협회로 하여금 연합회에 강제로 가입하게 하고 임의로 탈퇴할 수 없도록 하는 「화물자동차 운수사업법」의 해당 조항 중 '운송사업자로 구성된 협회'에 관한 부분은 결사의 자유를 침해한다.

② '재판에 영향을 미칠 염려가 있거나 미치게 하기 위한 집회 또는 시위'를 금지하고 이를 위반한 자를 형사처벌하는 구 「집회 및 시위에 관한 법률」의 해당 조항은 최소침해성원칙에 반한다.

③ 일반적으로 집회는 일정한 장소를 전제로 하여 특정 목적을 가진 다수인이 일시적으로 회합하는 것을 말하는 것으로 그 공동의 목적은 '내적인 유대관계'로 족하고, 건전한 상식과 통상적인 법감정을 가진 사람이면 「집회 및 시위에 관한 법률」상 '집회'가 무엇을 의미하는지를 추론할 수 있으므로 '집회'의 개념이 불명확하다고 볼 수 없다.

④ 지역농협 이사 선거의 경우 전화·컴퓨터통신을 이용한 지지 호소의 선거운동방법을 금지하고, 이를 위반한 자를 처벌하는 구 「농업협동조합법」 규정은 결사의 자유를 침해한다.

20. 집회의 자유에 관한 설명으로 옳지 않은 것은? (다툼이 있는 경우 판례에 의함)

① 일반적으로 집회는 일정한 장소를 전제로 하여 특정 목적을 가진 다수인이 일시적으로 회합하는 것을 말하는 것으로 일컬어지고 있으나, 그 공동의 목적은 '내적인 유대관계'로 충분하다.

② 집회의 자유는 개인의 인격발현의 요소이자 민주주의를 구성하는 요소라는 이중적 헌법적 기능을 가지고 있다. 따라서 집회의 자유는 사회·정치현상에 대한 불만과 비판을 공개적으로 표출하게 함으로써 정치적 불안정을 일으키는 부작용도 있다.

③ 헌법 제21조 제2항은 헌법 자체에서 언론·출판에 대한 허가나 검열의 금지와 더불어 집회에 대한 허가금지를 명시함으로써, 집회의 자유에 있어서는 다른 기본권 조항들과는 달리, '허가'의 방식에 의한 제한을 허용하지 않겠다는 헌법적 결단을 분명히 하고 있다.

④ 누구든지 헌법재판소의 결정에 따라 해산된 정당의 목적을 달성하기 위한 집회 또는 시위를 주최하여서는 아니 된다.

자유권적 기본권 ~ 국민의 기본적 의무

01. 학문의 자유에 대한 헌법재판소의 판시내용에 관한 설명으로 가장 옳지 않은 것은?

① 학문의 자유라 함은 진리를 탐구하는 자유를 의미하는데, 그것은 단순히 진리탐구의 자유에 그치지 않고 탐구한 결과에 대한 발표의 자유 내지 가르치는 자유 등을 포함한다.
② 국립대학 교원의 성과연봉제는 학문의 자유를 침해하지 않는다.
③ 헌법 제31조 제4항의 교육의 자주성이나 대학의 자율성은 헌법 제22조 제1항이 보장하고 있는 학문의 자유의 확실한 보장수단으로 꼭 필요하지만 이는 대학에게 부여된 헌법상의 기본권은 아니다.
④ 국민의 수학권의 보장을 위하여 교사의 수업권은 일정범위 내에서 제약을 받으므로 초·중·고등학교의 교사는 수업의 자유를 내세워 자신이 연구한 결과를 학생들에게 여과 없이 전파할 수는 없다.

02. 재산권에 관한 설명으로 옳지 않은 것은? (다툼이 있는 경우 판례에 의함)

① 피상속인의 형제자매의 유류분을 규정한 「민법」 제1112조 제4호는 헌법에 위반되고, 유류분상실사유를 별도로 규정하지 아니한 「민법」 제1112조 제1호부터 제3호 및 기여분에 관한 「민법」 제1008조의 2를 준용하는 규정을 두지 아니한 민법 제1118조는 헌법에 위반되지 않는다.
② 환매권의 발생기간을 제한하고 있는 「공익사업을 위한 토지 등의 취득 및 보상에 관한 법률」 조항 중 '토지의 협의취득일 또는 수용의 개시일부터 10년 이내에' 부분의 위헌성은 헌법상 재산권인 환매권의 발생기간을 제한한 것 자체에 있다기보다는 그 기간을 10년 이내로 제한한 것에 있다.
③ 지방의회의원으로 선출되어 받게 되는 보수가 기존의 연금에 미치지 못하는 경우에도 연금 전액의 지급을 정지하도록 정한 구 「공무원연금법」 조항은, 연금을 대체할 만한 적정한 소득이 있다고 할 수 없는 경우에도 일률적으로 연금 전액의 지급을 정지하여 지급정지제도의 본질 및 취지에 어긋나 과잉금지원칙에 위배되어 재산권을 침해한다.
④ 제1차 투표에서 유효투표수의 100분의 10 이상 100분의 15 미만을 득표한 경우에는 기탁금 반액을 반환하고, 반환되지 않은 기탁금은 국립대학교발전기금에 귀속하도록 정한 국립대학 총장임용후보자 선정규정은, 후보자의 진지성과 성실성을 담보하기 위한 최소한의 제한이므로 총장임용후보자 선거의 후보자의 재산권을 침해하지 않는다.

03. 헌법적 문제에 관한 설명으로 가장 옳지 않은 것은? (다툼이 있는 경우 판례에 의함)

① 「민사소송법」에 의한 방영금지가처분을 허용하는 것은 헌법상 검열금지의 원칙에 위반되지 않는다.
② 노인장기요양 급여비용의 구체적인 산정방법 등에 관하여 필요한 사항을 보건복지부령에 정하도록 위임한 「노인장기요양보험법」 제39조 제3항은 법률유보원칙 및 포괄위임금지원칙에 위배되지 않는다.
③ 헌법정신에 맞도록 법률의 내용을 해석·보충하거나 정정하는 '헌법합치적 법률해석' 역시 '유효한' 법률조항의 의미나 문구를 대상으로 하는 것이지, 이를 넘어 이미 실효된 법률조항을 대상으로 하여 헌법합치적인 법률해석을 할 수는 없는 것이어서, 유효하지 않은 법률조항을 유효한 것으로 해석하는 결과에 이르는 것은 '헌법합치적 법률해석'을 이유로도 정당화될 수 없다.
④ 군사법원 피고인의 비용보상청구권의 제척기간을 '무죄판결이 확정된 날부터 6개월'로 정한 구 「군사법원법」 제227조의12 제2항은 재산권을 침해하지 않는다.

04. 헌법상 재산권으로 옳은 것은? (다툼이 있는 경우 판례에 의함)

① 「국민연금법」상 사망일시금
② 우편물의 지연 배달에 따른 손해배상청구권
③ 상공회의소의 의결권
④ 공제회가 관리·운용하는 학교안전공제 및 사고 예방기금

05. 다음 중 판례의 내용으로 옳지 않은 것은? (다툼이 있는 경우 판례에 의함)

① 「특정범죄 가중처벌 등에 관한 법률」 제6조 제7항 중 「관세법」 제271조 제3항 가운데 제269조 제2항에 관한 부분(해당 수입물품을 다른 물품으로 수입할 목적으로 밀수입을 예비하였거나 신고하지 않고 외국물품을 수입할 목적으로 밀수입을 예비하였다는 공소사실로 기소되었는데, "「관세법」 제271조에 규정된 죄를 범한 사람은 제2항의 예에 따른 그 정범 또는 본죄에 준하여 처벌한다."라는 부분)은 평등원칙에 위반된다.
② 공판조서의 절대적 증명력을 인정하는 「형사소송법」 제56조는 청구인의 재판을 받을 권리를 침해하거나 평등원칙에 위반되지 않는다.
③ 증거신청의 채택 등에 대하여 법원의 재량을 인정하고 있는 「형사소송법」 제295조 및 「형사소송법」 제296조 제2항은 청구인의 공정한 재판을 받을 권리를 침해하지 않는다.
④ 요양기관이 「의료법」 제33조 제2항을 위반하였다는 사실을 수사기관의 수사 결과로 확인한 경우 국민건강보험공단으로 하여금 요양급여비용의 지급을 보류할 수 있도록 규정한 구 「국민건강보험법」은 재산권을 침해하지 않는다.

06. 직업의 자유에 관한 단계이론의 관점에서 볼 때 제한의 강도가 가장 약한 것은?

① 시각장애인에 대하여만 안마사 자격 인정을 받을 수 있도록 하는 것
② 대학 졸업 이상의 학력 소지자에게만 학원강사가 될 수 있도록 하는 것
③ 학교교과 교습학원의 교습시간을 05:00부터 22:00까지로 제한하는 것
④ 경비업을 전문으로 하는 별개의 법인을 설립하지 않는 한 경비업과 그 밖의 업종을 겸영하지 못하도록 하는 것

07. 직업의 자유에 관한 설명으로 옳지 않은 것은? (다툼이 있는 경우 판례에 의함)

① 대형트롤어업의 허가를 할 때 동경 128도 이동수역에서 조업하여서는 아니 된다는 조건을 붙이도록 한 구 「어업의 허가 및 신고 등에 관한 규칙」 제13조 본문 [별표 8] 제1호 가목은 헌법에 위반되지 아니한다.
② 직업의 자유에 의해 보장되는 직업은 생활의 기본적 수요를 충족시키기 위해서 행하는 계속적인 소득활동을 의미한다.
③ 대학생이 방학기간을 이용하여 또는 휴학 중에 학비 등을 벌기 위해 학원강사로서 일하는 행위는 직업의 자유의 보호영역에 속한다.
④ 사업주로부터 위임을 받아 고용보험 및 산업재해보상보험에 관한 보험사무를 대행할 수 있는 기관의 자격을 일정한 기준을 충족하는 단체 또는 법인, 공인노무사 또는 세무사로 한정한 「고용보험 및 산업재해보상보험의 보험료징수 등에 관한 법률」 제33조 제1항 전문 및 같은 법 시행령 제44조는 과잉금지원칙에 위배되어 공인회계사인 청구인들의 직업수행의 자유를 침해한다.

08. 선거운동에 관한 설명으로 옳은 것은? (다툼이 있는 경우 판례에 의함)

① 당내경선에서 허용되는 경선운동방법을 한정하고 이를 위반한 경우 처벌하는 「공직선거법」 제57조의3 제1항, 제255조 제2항 제3호는 헌법에 위반된다.

② 공무원이 선거운동의 기획행위를 하는 모든 경우를 금지하는 것은 공무원의 지위를 이용하지 아니한 행위에까지 적용하는 것은 헌법에 위반되지 않는다.

③ 인터넷언론사는 선거운동기간 중 당해 홈페이지 게시판 등에 정당·후보자에 대한 지지·반대 등의 정보를 게시하는 경우 실명을 확인받는 기술적 조치를 해야 하고, 행정안전부장관 및 신용정보업자는 실명인증자료를 관리하고 중앙선거관리위원회가 요구하는 경우 지체 없이 그 자료를 제출해야 하며, 실명확인을 위한 기술적 조치를 하지 아니하거나 실명인증의 표시가 없는 정보를 삭제하지 않는 경우 과태료를 부과하도록 정한 「공직선거법」 조항은 헌법에 위반된다.

④ 지방의회의원 선거에서 선거권을 가지는 외국인은 지역구국회의원 선거에서도 선거운동을 할 수 있다.

09. 선거권 및 선거원칙에 관한 설명으로 옳은 것은? (다툼이 있는 경우 판례에 의함)

① 공무원으로서 선거에서 특정정당·특정인을 지지하기 위하여 타인에게 정당에 가입하도록 권유운동을 한 경우 형사처벌하도록 규정한 「국가공무원법」 조항은 헌법에 위반된다.

② 지역구국회의원 예비후보자의 기탁금 반환사유를 예비후보자의 사망, 당내경선 탈락으로 한정하고 있는 「공직선거법」 제57조 제1항 제1호 다목 중 지역구국회의원 선거와 관련된 부분은 재산권을 침해하지 않는다.

③ "누구든지 2 이상의 정당의 당원이 되지 못한다."라고 규정하고 있는 「정당법」 제42조 제2항은 정당의 당원인 청구인들의 정당 가입·활동의 자유를 침해하지 않는다.

④ 자유선거원칙은 선거의 전 과정에 요구되는 선거권자의 의사형성의 자유와 의사실현의 자유를 말하는바, 구체적으로는 투표의 자유, 입후보의 자유만을 의미할 뿐이지 선거운동의 자유까지 의미하는 것은 아니다.

10. 정당제도에 관한 설명으로 가장 옳지 않은 것은? (다툼이 있는 경우 판례에 의함)

① 정당의 해산을 명하는 헌법재판소의 결정은 중앙선거관리위원회가 「정당법」에 따라 집행한다.
② 등록이 취소된 정당과 자진해산한 정당의 잔여재산은 당헌이 정하는 바에 따라 처분한다.
③ 「정당법」상 시·도당은 당해 관할구역 안에 주소를 두고 있는 1천인 이상의 당원을 가져야 한다고 규정하고 있는데, 이는 정당의 자유를 침해하지 아니한다.
④ 헌법 제8조 제1항은 정당설립의 자유, 정당조직의 자유, 정당활동의 자유 등을 포괄하는 정당의 자유를 보장하는 규정이므로, 국민이 개인적으로 가지는 기본권이 아니라 정당이 단체로서 가지는 기본권이다.

11. 공무원의 권리 및 의무에 관한 설명으로 옳은 것은? (다툼이 있는 경우 판례에 의함)

① 「국가공무원법」은 공무원의 보수 등에 관하여 '근무조건 법정주의'를 규정하고 있지 않아, 국가예산에 계상되어 있으면 공무원 보수 지급이 가능하다.
② 「국가공무원법」 조항 중 교육공무원인 초·중등교원은 '그 밖의 정치단체'의 결성에 관여하거나 이에 가입할 수 없다고 한 부분은 명확성원칙에 위배된다.
③ 군인과 달리 국가공무원의 지위에 있지 않은 군무원은 정치적 표현의 자유에 대해 엄격한 제한을 받아서는 안 되며, 군무원의 정치적 의견을 공표하는 행위도 엄격히 제한할 필요가 없다.
④ 법관의 명예퇴직수당액에 대하여 정년 잔여기간만을 기준으로 하지 아니하고 임기 잔여기간을 함께 반영하여 산정하도록 한 구 「법관 및 법원공무원 명예퇴직수당 등 지급규칙」 조항으로 인해 법관이 '다른 경력직공무원'에 비하여 명예퇴직수당 지급 여부 및 액수 등에 있어 불이익을 볼 가능성이 있는데, 이는 자의적인 차별에 해당한다.

12. 법관의 재판상 독립에 관한 설명으로 옳은 것은? (다툼이 있는 경우에는 판례에 의함)

① 형사재판에서는 형식적 의미의 법률에 의해서만 재판을 하여야 하므로 대통령의 긴급명령을 적용하여 내린 유죄판결은 죄형법정주의에 반한다.
② 법관의 심판에 있어서 따라야 하는 양심은 법관이 가지는 인간으로서의 양심을 의미한다.
③ 재판관에 대한 기피신청은 당사자가 해당 재판이 불공정하게 이루어질지도 모른다는 주관적 사정이 있는 경우가 우선 판단기준이 된다.
④ 하급심에 대한 선례의 구속력은 그 후의 모든 동종사건에 대한 선례로서 구속력을 의미하는 것은 아니다.

13. 청구권적 기본권에 관한 설명으로 옳지 않은 것은? (다툼이 있는 경우 판례에 의함)

① 국민참여재판으로 진행하는 것이 적절하지 아니하다고 인정되는 경우 법원이 국민참여재판을 하지 아니하는 결정을 할 수 있도록 한 구 「국민의 형사재판 참여에 관한 법률」 제9조 제1항 제3호는 형사피고인의 재판청구권을 침해하지 아니한다.
② 입법자는 헌법규정의 적용영역에 관하여 헌법적 요구사항을 상회하는 법률을 제정할 수도 있다.
③ 직계혈족, 배우자, 동거친족, 동거가족 또는 그 배우자 간의 권리행사방해죄는 그 형을 면제하도록 한 「형법」 제328조 제1항은 헌법에 합치된다.
④ 청구권적 기본권에 대해서는 상대적으로 광범위한 입법형성권이 인정되기 때문에 현저하게 불합리하지 않는 한 헌법에 위반된다고 할 수 없다.

14. 사회국가원리에 관한 설명으로 옳지 않은 것은? (다툼이 있는 경우 판례에 의함)

① 재혼을 유족연금수급권 상실사유로 규정한 것은 인간다운 생활을 할 권리와 재산권을 침해하지 않는다.
② 국가는 복지국가를 실현하기 위하여 가능한 수단을 동원할 책무를 진다고 할 것이나 가능한 여러 가지 수단들 가운데 구체적으로 어느 것을 선택할 것인가는 기본적으로 입법자의 재량에 속한다.
③ 국가는 헌법 제36조 제1항, 제34조 제4항에 따라 가족생활을 보장하고, 청소년의 복지향상을 위한 정책을 실시할 의무를 진다. 유자녀는 18세 미만의 자로서 우리나라가 비준한 「아동의 권리에 관한 협약」 및 「아동복지법」에서 정의하는 '아동'에 속하는 집단이고, 국가가 아동에 관한 복지정책을 실시할 때에는 아동의 이익을 최우선적으로 고려하여야 한다는 입법형성권의 한계가 존재하는 것은 아니다.
④ 저소득층 지역가입자에 대하여 국가가 국고지원을 통하여 보험료를 보조하는 것은 경제적·사회적 약자에게도 의료보험의 혜택을 제공해야 할 사회국가적 의무를 이행하기 위한 것으로서 국고지원에 있어서의 지역가입자와 직장가입자의 차별취급은 사회국가원리의 관점에서 합리적인 차별에 해당하여 평등원칙에 위반되지 아니한다.

15. 교육을 받을 권리에 관한 설명으로 가장 옳지 않은 것은? (다툼이 있는 경우 판례에 의함)

① 헌법 제31조 제3항의 의무교육 무상의 원칙은 교육을 받을 권리를 보다 실효성 있게 보장하기 위하여 의무교육 비용을 학령아동의 보호자 개개인의 직접적 부담에서 공동체 전체의 부담으로 이전하라는 명령일 뿐, 의무교육의 비용을 오로지 국가 또는 지방자치단체의 예산으로 해결해야 함을 의미하는 것은 아니다.

② 「2022학년도 대학 신입학생 정시모집('나'군) 안내」 중 수능 성적에 최대 2점의 교과이수 가산점을 부여하고, 2020년 2월 이전 고등학교 졸업자에게 모집단위별 지원자의 가산점 분포를 고려하여 모집단위 내 수능점수 순위에 상응하는 가산점을 부여하도록 한 부분은 법률유보원칙에 위반되지 않는다.

③ 구 「사립학교법」 제29조 제2항 중 '교비회계의 세입·세출에 관한 사항은 대통령령으로 정하되' 부분과, 교비회계의 전용을 금지하는 구 「사립학교법」 제29조 제6항 본문 및 교비회계 전용 금지 규정을 위반하는 경우 처벌하는 구 「사립학교법」 제73조의2는 헌법에 위반된다.

④ 헌법 제31조 제1항에서 보장되는 교육의 기회균등은 모든 국민에게 균등한 교육을 받게 하고 특히 경제적 약자가 실질적인 평등교육을 받을 수 있도록 국가에게 적극적 정책을 실현할 것을 요구하므로, 실질적인 평등교육을 실현해야 할 국가의 적극적인 의무가 인정된다고 하여 이로부터 국민이 직접 실질적 평등교육을 위한 교육비를 청구할 권리가 도출되는 것은 아니다.

16. 생존권적 기본권에 관한 설명으로 가장 옳지 않은 것은? (다툼이 있는 경우 판례에 의함)

① 사회보장수급권은 개인에게 직접 주어지는 헌법적 차원의 권리이며, 사회적 기본권의 하나이다.

② 8촌 이내 혈족 사이의 혼인금지조항을 위반한 혼인을 전부 무효로 하는 「민법」 조항은 과잉금지원칙을 위배하여 혼인의 자유를 침해한다.

③ 입양신고 시 신고사건 본인이 시·읍·면에 출석하지 아니하는 경우에는 신고사건 본인의 신분증명서를 제시하도록 한 「가족관계등록법」 규정은 입양당사자의 가족생활의 자유를 침해한다고 보기 어렵다.

④ 직장가입자가 소득월액보험료를 일정 기간 이상 체납한 경우 그 체납한 보험료를 완납할 때까지 국민건강보험공단이 그 가입자 및 피부양자에 대하여 보험급여를 실시하지 아니할 수 있도록 한 것은 인간다운 생활을 할 권리나 재산권을 침해하지 아니한다.

17. 근로의 권리에 관한 설명으로 가장 옳지 않은 것은? (다툼이 있는 경우 판례에 의함)

① 고용 허가를 받아 국내에 입국한 외국인근로자의 출국만기보험금을 출국 후 14일 이내에 지급하도록 한 것은 외국인근로자의 근로의 권리를 침해한다.
② 해고예고제도는 근로관계 종료 전 사용자에게 근로자에 대한 해고예고를 하게 하는 것이어서, 근로조건을 이루는 중요한 사항에 해당하고 근로의 권리의 내용에 포함된다.
③ 계속근로기간 1년 이상인 근로자가 근로연도 중도에 퇴직한 경우 중도퇴직 전 1년 미만의 근로에 대하여 유급휴가를 보장하지 않는 것은 근로의 권리를 침해하지 않는다.
④ 정직처분을 받은 공무원에 대하여 정직일수를 연차유급휴가인 연가일수에서 공제하도록 하는 것은 근로의 권리를 침해하지 않는다.

18. 근로기본권에 관한 설명으로 옳은 것은? (다툼이 있는 경우 판례에 의함)

① 헌법에는 최저임금제에 관한 규정이 없지만, 근로자에 대하여 임금의 최저수준을 보장하여 근로자의 생활안정과 노동력의 질적 향상을 도모하고자 최저임금제를 실시하고 있다.
② 헌법은 국가유공자의 유가족은 법률이 정하는 바에 의하여 우선적으로 근로의 기회를 부여받는다고 규정하고 있다.
③ 법률이 정하는 주요방위산업체에 종사하는 근로자의 단체행동권은 법률이 정하는 바에 의하여 이를 제한하거나 인정하지 아니할 수 있다.
④ 근로의 권리는 근로자를 개인의 차원에서 보호하기 위한 권리로서 개인인 근로자가 그 주체가 되는 것은 물론이고 노동조합도 그 주체가 될 수 있다.

19. 환경권에 관한 설명으로 옳지 않은 것은? (다툼이 있는 경우 판례에 의함)

① 학교시설의 유해중금속 등 유해물질의 예방 및 관리 기준으로서 운동장 바닥재 중 인조잔디 및 탄성포장재(우레탄)에 대해서만 품질기준 및 주기적 점검·조치 의무를 규정하고 마사토 운동장에 대해서는 별다른 규정을 두지 아니한「학교보건법 시행규칙」제3조 제1항 제1호의2 [별표 2의2] 제1호 및 제2호는 환경권을 침해하지 않는다.
② 헌법상 환경권에 의하여 방해배제청구권을 행사할 수 있다.
③ 비사업용 자동차의 타인광고를 제한하는 것은, 자동차 이용 광고물의 난립을 방지하여 도시미관과 도로안전 등을 확보함으로써 국민이 안전하고 쾌적한 환경에서 생활할 수 있도록 하기 위한 것이다.
④ 보조금 지원을 받아 배출가스저감장치를 부착한 자동차소유자가 자동차 등록을 말소하려면 배출가스저감장치 등을 서울특별시장 등에게 반납하여야 한다고 규정한 구「수도권 대기환경개선에 관한 특별법」규정 중 '배출가스저감장치'에 관한 부분은 지역주민의 건강을 보호하고 쾌적한 생활환경을 조성하기 위한 것이다.

20. 다음 설명 중 가장 옳지 않은 것은? (다툼이 있는 경우 판례에 의함)

① 부모가 자녀의 이름을 지어주는 것은 자녀의 양육과 가족생활을 위하여 필수적인 것이고, 가족생활의 핵심적 요소라 할 수 있으므로, '부모가 자녀의 이름을 지을 자유'는 혼인과 가족생활을 보장하는 헌법 제36조 제1항과 행복추구권을 보장하는 헌법 제10조에 의하여 보호받는다.
② 이름은 인간의 모든 사회적 생활관계 형성의 기초가 된다는 점에서 중요한 사회질서에 속한다. 이름의 특정은 사회 전체의 법적 안정성의 기초이므로 이를 위해 국가는 개인이 사용하는 이름에 대해 일정한 규율을 가할 수 있다.
③ 헌법은 국가사회의 최고규범이므로 가족제도가 비록 역사적·사회적 산물이라는 특성을 지니고 있다 하더라도 헌법의 우위로부터 벗어날 수 없으며, 가족법이 헌법이념의 실현에 장애를 초래하고, 헌법규범과 현실과의 괴리를 고착시키는데 일조하고 있다면 그러한 가족법은 수정되어야 한다.
④ 8촌 이내의 혈족 사이에서는 혼인할 수 없도록 하는「민법」제809조 제1항은 혼인의 자유를 침해하지 아니하므로「민법」제809조 제1항을 위반한 혼인을 무효로 하는「민법」제815조 제2호는 헌법에 위반되지 않는다.

정 답

- ❶주차 | 헌법과 헌법학 ~ 대한민국헌법 총설   124
  대한민국헌법 총설 ~ 기본권 총론   124
- ❷주차 | 기본권 총론 ~ 인간의 존엄과 가치 ·
  행복추구권 · 평등권   125
  평등권 ~ 자유권적 기본권   125
- ❸주차 | 자유권적 기본권   126
  경제적 기본권 ~ 정치적 기본권   126
- ❹주차 | 정치적 기본권 ~ 청구권적 기본권   127
  청구권적 기본권 ~ 국민의 기본적 의무   127

- ❶주차 | 헌법과 헌법학 ~ 기본권 총론   128
  인간의 존엄과 가치 · 행복추구권 · 평등권 ~
  자유권적 기본권   128
- ❷주차 | 자유권적 기본권   128
  자유권적 기본권 ~ 국민의 기본적 의무   128

진도별 문제 정답

❶주차 헌법과 헌법학 ~ 대한민국헌법 총설

헌법해석과 헌법관
01. ②

헌법의 제정·개정과 변천
02. ③ 03. ④ 04. ④ 05. ③

대한민국 헌정사
06. ② 07. ④

대한민국의 국가형태와 구성요소
08. ④ 09. ② 10. ④ 11. ① 12. ④ (ㄱㄴㄷㄹ)

대한민국헌법의 기본원리
13. ④ 14. ③ 15. ④ 16. ③ 17. ①
18. ② 19. ② 20. ②

❶주차 대한민국헌법 총설 ~ 기본권 총론

대한민국헌법의 기본원리
01. ② 02. ① 03. ③ 04. ② 05. ①
06. ②

대한민국헌법의 기본질서
07. ③ 08. ④ 09. ④ 10. ② 11. ③
12. ①

기본권의 주체
13. ③ 14. ③

기본권의 효력
15. ③ 16. ④ 17. ③

기본권의 한계와 제한
18. ④ 19. ② 20. ①

❷주차 기본권 총론 ~ 인간의 존엄과 가치 · 행복추구권 · 평등권

기본권의 한계와 제한

01. ④ 02. ②

기본권의 확인과 보장

03. ② 04. ②

인간으로서의 존엄과 가치

05. ① 06. ④ 07. ③ 08. ② 09. ①
10. ④

행복추구권

11. ④ 12. ④

평등권

13. ④ 14. ③ 15. ① 16. ④ 17. ①
18. ① 19. ① 20. ④

❷주차 평등권 ~ 자유권적 기본권

평등권

01. ② 02. ② 03. ④ 04. ② 05. ②
06. ④ 07. ① 08. ④

인신의 자유권

09. ④ 10. ③ 11. ① 12. ① 13. ③
14. ③ 15. ② 16. ② 17. ③ 18. ④
19. ③ 20. ④

3주차 자유권적 기본권

인신의 자유권

01. ① 02. ④ 03. ③ 04. ④ 05. ④
06. ① 07. ①

사생활의 자유권

08. ② (ㄴㄷ) 09. ② 10. ② 11. ② 12. ①

정신적 자유권

13. ② 14. ③ 15. ② 16. ④ 17. ③
18. ③ 19. ④ 20. ③

3주차 경제적 기본권 ~ 정치적 기본권

정신적 자유권

01. ②

재산권

02. ② 03. ① 04. ④ 05. ③ 06. ①
07. ①

직업선택의 자유

08. ③ 09. ④ 10. ③ 11. ① 12. ①
13. ④

선거권과 선거제도

14. ① 15. ③ 16. ① 17. ③ 18. ②
19. ④ 20. ③

4주차 정치적 기본권 ~ 청구권적 기본권

참정권

01. ③   02. ②   03. ④

정당의 자유와 정당제도

04. ③   05. ①   06. ②   07. ③ (ㄴㄷㄹ)   08. ③
09. ③   10. ③

공무담임권과 직업공무원제도

11. ②   12. ②   13. ④   14. ①   15. ④
16. ④   17. ①

청원권

18. ②   19. ②

재판청구권

20. ②

4주차 청구권적 기본권 ~ 국민의 기본적 의무

재판청구권

01. ①   02. ③   03. ③   04. ③

국가배상청구권

05. ②   06. ④   07. ②

형사보상청구권

08. ③

사회적 기본권의 의의

09. ③

교육을 받을 권리와 교육제도

10. ③   11. ②

근로의 권리

12. ①   13. ④

근로3권

14. ③   15. ①   16. ①

환경권

17. ④ (ㄱㄹ)   18. ①

국민의 기본적 의무

19. ④   20. ①

2순환 2주 반범위 문제 정답

1주차 헌법과 헌법학 ~ 기본권 총론

01. ①　02. ④　03. ②　04. ②　05. ①　06. ④　07. ④　08. ④　09. ②　10. ①
11. ③　12. ③　13. ②　14. ②　15. ③　16. ①　17. ③　18. ④　19. ④　20. ②

1주차 인간의 존엄과 가치 · 행복추구권 · 평등권 ~ 자유권적 기본권

01. ④　02. ①　03. ④　04. ④　05. ①　06. ④　07. ①　08. ②　09. ④　10. ①
11. ①　12. ③　13. ④　14. ③　15. ④　16. ②　17. ①　18. ③　19. ①　20. ③

2주차 자유권적 기본권

01. ③　02. ①　03. ④　04. ④　05. ④　06. ④　07. ④　08. ③　09. ③　10. ①
11. ①　12. ②　13. ①　14. ④　15. ③　16. ②　17. ③　18. ④　19. ①　20. ②

2주차 자유권적 기본권 ~ 국민의 기본적 의무

01. ③　02. ①　03. ④　04. ②　05. ④　06. ③　07. ④　08. ③　09. ③　10. ④
11. ②　12. ④　13. ③　14. ③　15. ③　16. ①　17. ①　18. ③　19. ②　20. ④